人民的好医生
——李雁教授

方世平　主编

编 委 会

WUHAN UNIVERSITY PRESS
武汉大学出版社

图书在版编目(CIP)数据

人民的好医生:李雁教授/方世平主编.—武汉:武汉大学出版社,
2015.11

ISBN 978-7-307-16865-7

Ⅰ.人… Ⅱ.方… Ⅲ.李雁—生平事迹 Ⅳ.K826.2

中国版本图书馆 CIP 数据核字(2015)第 222646 号

责任编辑:黄汉平 责任校对:汪欣怡 版式设计:马 佳

出版发行:**武汉大学出版社** (430072 武昌 珞珈山)

(电子邮件:cbs22@whu.edu.cn 网址:www.wdp.com.cn)

印刷:武汉中远印务有限公司

开本:720×1000 1/16 印张:12.5 字数:191 千字 插页:5

版次:2015 年 11 月第 1 版 2015 年 11 月第 1 次印刷

ISBN 978-7-307-16865-7 定价:32.00 元

湖北省卫生计生委党组书记杨有旺给李雁教授颁发"人民好医生"荣誉证书

荣誉证书

授予：

李 雁 同志"人民好医生"

荣誉称号，以资鼓励。

湖北省卫生和计划生育委员会

二〇一四年五月

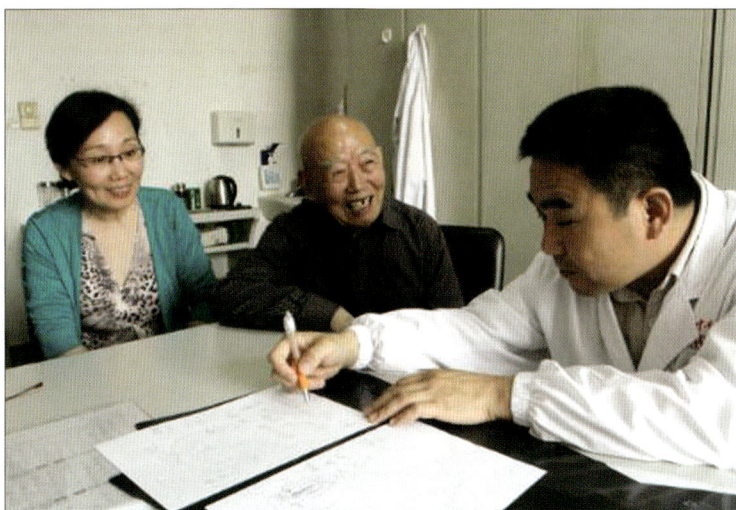

李雁教授正在给患者和家属讲解病情和治疗方案

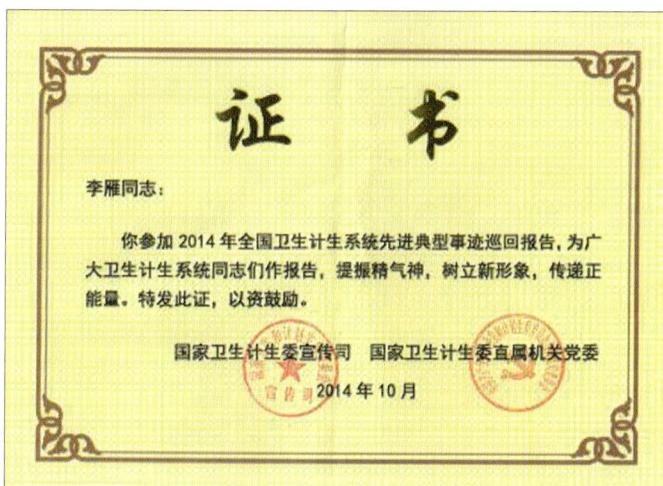

证　书

李雁同志：

　　你参加 2014 年全国卫生计生系统先进典型事迹巡回报告，为广大卫生计生系统同志们作报告，提振精气神，树立新形象，传递正能量。特发此证，以资鼓励。

国家卫生计生委宣传司　　国家卫生计生委直属机关党委

2014 年 10 月

序　言（一）

　　李雁同志从医 25 年来，始终坚持以患者为本，探索出了独特、有效、受患者喜欢的沟通方法，用细心和耐心真心为患者撑起一片爱的蓝天。他始终坚持精诚敬业、树仁立德，自绘万张"病情草图"和十几本"病情分析图"，让患者看得懂、用得上，化繁为简、变专业为浅显，一张张草图，架起一座座医患连心桥；他始终坚持勇于创新、开拓进取，在临床肿瘤医学领域取得了突破性科研成果，先后获得 ASCO 国际发展与教育奖、湖北省科技进步一等奖、湖北省首届医学领军人才培养工程入选者等多项荣誉。

　　李雁同志在平凡的工作岗位上全心全意地为患者服务，创造了不平凡的业绩，用实际行动深刻地诠释了医务工作者的高尚品质和职业操守，模范践行了社会主义核心价值观，充分展示了新时期卫生计生工作者的时代风采。在当前全面深化改革，推动卫生计生事业融合发展的关键时期，全省卫生计生系统广大干部职工，要以李雁同志为榜样，学习他心系患者、服务人民的职业精神，始终做人民群众的贴心人；学习他耐心细致、矢志不渝的敬业精神，切实维护和实现好群众健康权益；学习他刻苦钻研、勇攀高峰的担当精神，争当全面深化改革的排头兵；学习他甘为人梯、育人育德的奉献精神，为培养合格卫生计生人才贡献力量。

　　全省卫生计生系统各级医疗卫生计生单位要在深入开展向李雁同志学习的同时，不断发现、总结、宣传、推广身边的典型，大张旗鼓地宣传，形成浓厚的宣传氛围，在全省卫生计生系统形成学先进、比先进、争当先进的热潮，在全面深化卫生计生改革，破解医改难题、统筹人口长期均衡发展的伟大实践中，涌现出更多李雁式的人物，并以身边的典型教育、激励广大干部职工，进一步激发全省卫生计生系统广大干部职工献身卫生计生事业发展、投身全面深化改革的热情，努力为湖北卫生计生事业更快更好的发展打造一支政治素质高、技术业务精、医德医风正的服务团队。

湖北省卫生计生委党组书记

杨有旺

2015. 9. 16

序　言（二）

　　武汉大学中南医院李雁教授在缓解医患纠纷方面作出了积极的贡献，被湖北省卫生计生委授予"人民好医生"荣誉称号。国内主要媒体进行了广泛深入的报道和宣传，引起了社会上的广泛关注。

　　春风化雨，润物无声。2014年以来，为激发职工向身边的典型学习的热潮，促进医院的建设和发展，中南医院工会开展了"向李雁教授学习"的系列活动。包括召开工会干部和会员座谈会，举办"向李雁教授学习、争做李雁式职工"的征文比赛，举办演讲比赛等，学习李雁教授先进事迹，领会李雁教授精神，以李雁为榜样，更好地为患者服务。此外，医院工会还加强宣传，营造氛围，将活动不断向前推进。这本《人民的好医生——李雁教授》一书，便是医院工会为进一步宣传李雁教授的先进事迹、弘扬正气所做出的新的努力。

　　这本书所收录的内容，展现了李雁教授的生动事迹，宣讲和传播了李雁精神，让我们大家进一步了解了李雁教授"以患者为中心"，用爱温暖患者和家属，架起医患之间相互沟通桥梁的感人事迹，起到了先进榜样的示范作用。通过全院工会干部和会员群众的广泛参与，体现了中南医院广大会员以李雁教授为榜样，立足岗位、志存高远，坚持为人民健康服务、学习见实效的精神风貌。

　　这本书的出版，表现出中南医院工会在院党委的领导下，在院行政的支持下，结合工会工作特点和实际情况，围绕中心、服务大局的工作思路，以加强职工队伍建设、构建和谐医院为工作重点，以职工喜闻乐见的方式宣传典型，发挥先进模范人物的作用，营造出团结向上的氛围，为促进医院各项工作的发展助力，进一步激发医院广大职工的工作积极性和创造性，有效实现了工会组织教育引导的职能。

在此，我也代表学校工会感谢医院党委对工会工作的领导，医院行政对工会工作的支持。同时希望医院工会进一步增强责任感和使命感，充分调动广大职工的积极性、主动性和创造性，凝心聚力为实现中南医院的快速发展作出更大贡献。

武汉大学工会主席

2015 年 4 月于武昌珞珈山

前　言

　　近二三十年来，我国医患关系出现不正常状态。医生被打、被杀，医院被封门，影响正常医疗秩序的现象层出不穷，这不仅成为医院正常工作的障碍，更是社会稳定的隐患。卫生行政管理部门，乃至国家层面的领导都开始过问我国的医患关系问题。医患关系紧张、恶化有医生的和患者的原因，有社会和传媒的原因，还有管理和社会保障等方方面面的原因，但是作为矛盾的两方：医务人员和患者的原因是最直接的原因。国家、省、市卫生行政部门也在出台措施，寻找办法以便解决日益突出的医患矛盾，维护医患双方的利益和社会的和谐稳定。与此同时，许多被社会和患者广泛认可的医务人员也层出不穷。李雁教授就是他们中的杰出代表。

　　李雁教授是武汉大学中南医院肿瘤科主任医师，医学博士，博士生导师。李雁教授在从医几十年的过程中，他不仅积累了丰富的临床经验，在恶性肿瘤中，最难治的腹膜癌方面，有独到的治疗效果，在该诊治领域做出了国际领先的临床效果，延长了病人生命；在腹膜癌的基础研究和诊断治疗的研究成果为世界公认，他研究的很多成果已经转化为世界腹膜癌的临床路径和诊疗标准；而且在与病人交流方面探索出了一套行之有效的方法，那就是用极其朴实、简单的图画和耐心细致的言语技巧，解释疾病的状况、手术过程和结果，得到患者的广泛认同和社会的赞誉，在缓解医患纠纷方面做出了榜样。我国国内主要媒体进行了大范围的报道和宣传。李雁教授作为全国卫生计生系统先进典型在国内进行了事迹的巡回演讲，并被中央电视台评选为"最美医师——特别关注奖"。2014年5月湖北省卫生计生委授予李雁教授"人民好医生"荣誉称号。

　　李雁教授所在的单位——武汉大学中南医院工会对于弘扬李雁教授的事迹，尤其是李雁教授创建的医患沟通的技巧，进行了大量的工作，在医院干部和职工中进行了学习李雁教授的征文比赛、演讲比赛、干部座谈会；医院有关部门召开新闻媒体发布会、不同层次人员座谈会等。为了进一步挖掘李雁教授的先进事迹，弘扬正气，传播正能量，也为记录李雁教授的那套行之有效的医患沟通技巧，我们编辑了本书，旨在以实际行动践行社会主义核心价值观，为和谐医院建设，建设平安医院以及和谐社会做努力。

　　本书主要由以下几个部分组成：序言、湖北省卫生计生委的任命文件、李雁教授个人基本情况和事迹介绍、李雁教授演讲稿、新闻媒体（中央、地方和社会大众媒体）关于李雁教授事迹和相关报道、有关部门领导和专家对李雁教授的评价、不同类型人群（病人、医生、护士、管理者、后勤服务人员和李雁教授的学生等）对李雁教授的评价和学习李雁教授的体会（感想、感悟）文章等。

　　本书作为缓解医患关系紧张和构建和谐医院建设的读物，为缓解医患关系提供方法学、医患沟通中医务人员的行为路径等。本书既是宣传先进人物——人民好医生李雁教授事迹的传播媒介，也是医院缓解医患关系的工具书，希望能为中国平安医院建设作出贡献。

编　者

目　录

第一部分　　文件

第二部分　　李雁教授事迹介绍

第三部分　新闻媒体评价

第四部分　领导、专家对李雁教授的评价

第五部分　社会对李雁教授的评价

第一部分　文　件

一、湖北省卫生计生委文件

湖北省卫生和计划生育委员会文件

鄂卫生计生发〔2014〕　号

湖北省卫生和计划生育委员会关于授予
李雁同志"人民好医生"荣誉称号的决定

各市、州、县卫生计生委（卫生局、人口计生局），部省属医疗机构，省计生协、委直属单位，委机关各处室，各直管单位：

　　李雁，男，1965年生，九三学社社员，教授，博士研究生导师，现任武汉大学医学部肿瘤研究所所长、武汉大学中南医院肿瘤二科主任医师。

　　李雁同志从医25年来，始终坚持在临床医疗一线，孜孜不倦、勤奋忘我地工作，每年主刀完成癌症手术上百台，以高超的医术解除患者的痛苦，赢得了患者的爱戴、同行的尊敬和社会的广泛赞誉，先后获得国家科技进步一等奖、美国临床肿瘤学会国际发展与教育奖、教育部新世纪优秀人才奖等多项荣誉。他几十年如一日，秉承"以患者为中心"的理念，视病人如亲人，自绘一万余张"病情草图"和十几本"病情分析图"，用图画讲解的方式不厌其烦地与患者和家属沟通，用爱温暖无数患者和家属，用实际行动恪守着医者的操守，为医患之间架起了一座沟通的桥梁，诠释了"大医精诚、救死扶伤"的深刻内涵。他的先进事迹先后被中央和省内多家媒体广泛报道，在社会上引起了强烈反响。

李雁同志的先进事迹生动感人、催人奋进，具有强烈的时代精神和现实意义，是新时期卫生计生工作者的楷模。为学习宣传李雁同志职业精神、务实作风和高尚品质，省卫生计生委决定授予李雁同志"人民好医生"荣誉称号。

省卫生计生委号召全省卫生计生系统广大干部职工向李雁同志学习，学习他心系患者、情为病人的崇高职业精神，把解除每位患者的痛苦和挽救生命作为毕生追求；学习他耐心细心、矢志不移的爱岗敬业精神，用一纸一笔诠释和谐医患关系；学习他刻苦钻研、勇攀高峰的执著进取精神，为攻克医学科技难关奋斗不息；学习他甘为人梯、育人育德的无私奉献精神，勤勤恳恳进行传道、授业、解惑。要把开展向李雁同志的学习活动与践行党的群众路线教育实践活动结合起来，与学习焦裕禄精神结合起来，与医药卫生体制改革结合起来，与纠正医药购销领域不正之风结合起来，为全面深化卫生计生改革，让人民群众享受更高水平的医疗卫生和计划生育服务，为湖北加快"建成支点、走在前列"作出卫生计生新贡献。

湖北省卫生计生委

2014 年 5 月 23 日

二、武汉大学中南医院文件

（一）中共武汉大学中南医院委员会　武汉大学中南医院"关于在全院开展向李雁教授学习活动的决定"【武大中南党字〔2014〕5 号】

各党总支，各处、部、室，各临床医技科室：

我院肿瘤二科李雁教授从医 25 年来，每次接诊病人时，不仅耐心而细致地向患者讲解病情或手术过程，而且为了让沟通更直白，他还养成了一个习惯，一边讲一边画，犹如一名"速写师"，为患者图解病情。粗略推算，25 年来他画的这种草图累积超过 1 万张。近日，《楚天都市报》以《手术速写师的大医情怀》等为题对李雁教授的事迹连续进行了详细报道，中央电视台等媒体也进行了报道。

李雁教授用一种再简单不过的方式与患者沟通，用寥寥数笔绘就一张草图，向患者讲解病情，介绍手术方案，并不需要多么精湛的绘画技巧，只需要对患者保持足够的耐心和细心，倾情回应病人对自己病情和医治过程的关切，在一定程度上也解决了医患之间的沟通难题。李雁的难能可贵之处就在于，他通过这种绘图讲解表达了对患者知情权的尊重，使医患之间不会产生猜忌或误解。李雁教授的病情草图，是用心工作的表现，是用心探索服务方式的积极尝试，是对"大医精诚救死扶伤"卫生核心价值观的最好诠释。

为此，医院党委决定，在全院开展向李雁教授学习的活动。全院广大职工要学习他关爱病人、以人为本的大医情怀；学习他耐心细心、矢志不移的工作态度；学习他尊重患者、热爱生命的职业操守，牢固树立以病人为中心的服务理念，努力实现精湛医术与优良医德的完美结合。广大医务人员要以李雁教授为"镜子"，对照自己寻找服务病人中的不足与差距，尝试"李雁式"的工作探索，创新"李雁式"的服务方式，加强医患沟通，增进医患理解和互信，不断改进医疗服务作风，努力构建和谐医患关系，为医院发展创造良好的医疗环境。

2014 年 4 月 14 日

（二）武汉大学中南医院工会"关于开展向李雁教授学习系列活动的通知"【中南医院工字〔2014〕3 号】

各个分工会：

我院肿瘤二科主任医师李雁教授从医 25 年来，始终坚持在临床医疗一线，孜孜不倦、勤奋忘我工作，每年主刀完成癌症手术上百台，以高超的医术解除患者的痛苦，赢得了患者的爱戴、同行的尊敬和社会的广泛赞誉，先后获得国家科技进步一等奖、美国临床肿瘤学会国际发展与教育奖、教育部新世纪优秀人才奖等多项荣誉。他几十年如一日，秉承"以患者为中心"的理念，视病人如亲人，自绘一万余张"病情草图"和十几本"病情分析图"，用图画讲解的方式不厌其烦地与患者和家属沟通，用爱温暖无数患者和家属，为医患之间架起了一座沟通的桥梁，诠释了"大医精诚、救死扶伤"的深刻内涵。其先进事迹先后被中央和省内多家媒体广泛报道，在社会上引起了强烈反响。李雁就在我们身边，他是我们身边的典型，也是我们的杰出会员。湖北省卫生计生委授予李雁"人民好医生"荣誉称号（2014年5月26日），并号召全省卫生计生系统广大医务人员向他学习。根据我院党委"关于在全院开展向李雁教授学习活动的决定"【武大中南党字〔2014〕5号】有关精神，结合医院工会的工作特点和实际情况，经过医院工会委员会（扩大）讨论决定，在我院工会系统开展向李雁教授学习的系列活动。现通知如下：

1. 不同层次的学习活动

（1）工会干部学习。医院工会专门召开医院工会干部和各个分工会主席学习李雁教授的先进事迹座谈会。学习李雁事迹，领会李雁教授精神，立足岗位做李雁式医务工作者和好职工。

（2）会员学习。各个分工会在组织分工会委员学习基础上，在党支部领导下，以工会小组为单位，组织会员学习李雁教授事迹和精神，以李雁为榜样，更好为病人服务。

开展"向李雁教授学习，争做李雁式医务工作者"征文和演讲比赛等活动

2. 在学习李雁教授事迹和精神的基础上，组织"向李雁教授学习，争做李雁式职工"征文和演讲比赛

各个分工会要根据不同工作性质，分别组织工会会员撰写以"向李雁教授学习，争做李雁式好医生"、"以李雁教授为榜样，争做优秀护士"、"以李雁教授为榜样，争做优秀后勤服务工作者"和"以李雁教授为榜样，争做优秀管理工作者"等为主要内容的系列文章。工会将适时根据征文的情况，举办演讲比赛活动。活动细节，另行通知。

3. 向李雁教授学习，李雁教授事迹知晓度竞赛活动

在全院学习李雁教授事迹和精神的基础上，组织开展"向李雁教授学习，李雁教授事迹知晓度竞赛"。旨在充分了解身边的李雁教授的生动事迹，知晓和传播李雁精神，进一步推动我院会员学习李雁教授的活动。有关竞赛的细则另行通知。

4. 要求

（1）争取党的领导。各个分工会主席和工会小组长要分别主动与所属党总支书记和党支部书记联系，在党的领导下，切实抓好学习活动的落实。

（2）践行李雁精神。全体会员要以李雁为榜样，立足岗位、志存高远，坚持为人民健康服务。要学习他心系患者、服务病人的职业精神，始终做病人和家属的贴心人；要学习他耐心细致、矢志不渝的敬业精神，切实维护和实现好患者的健康权益；要学习他刻苦钻研、勇攀高峰的担当精神，争当科学研究的排头兵；要学习他甘为人梯、教书育人的奉献精神。

（3）面上学习与岗位工作相结合。把学习李雁教授事迹活动与个人的日常工作紧密结合，学习见实效。要立足本职岗位，以李雁事迹和精神为镜子，查找自己工作中的不足，不断提高为病人服务的质量和水平。

（4）加强宣传，营造氛围。各个分工会要充分利用传播媒介，包括"快乐职工之家"QQ群等院内媒介及时报道学习李雁教授事迹的情况，相互借鉴，相互促进，将活动不断向前推进。

武汉大学中南医院工会委员会

二〇一四年六月三日

（三）关于向李雁教授学习活动及征文的补充通知

各个分工会：

为了更好组织好向李雁教授学习征文和演讲比赛，根据全院分工会的特点和性质，对有关征文的分布涵盖要求做如下通知：

1. 组织领导

各个分工会要争取所在党总支的领导和指导，在党总支的指导下开展学习活动和征文活动。

各个分工会要召开"向李雁教授学习专题分工会委员会会议"，专题研究本分工会具体向李雁教授学习的措施和活动。召开专题会议时，可以要求党总支书记参加会议，指导具体工作。

2. 活动的具体实施

（1）学习单位主体。由于全院业务工作繁忙，为了避免因为大规模活动对于医院业务工作的影响，经过研究确定，原则上以各个工会小组（科室和部门）为单位进行学习活动，分工会主席要帮助工会小组长，工会小组长要与所在单位党支部和科主任取得联系，安排科室（工会小组）的具体学习活动。

（2）学习资料。为了避免对李雁教授正常工作太多的打搅，原则上不要请李雁教授做报告，医院工会将制作"李雁教授事迹报告会录像"，提供给需要的分工会组织观看。此外，院工会还将有关李雁教授的事迹材料汇编，电子版上传到"快乐职工之家"QQ群"共享"内，供各个分会下载，并组织学习。

（3）征文的范围和要求。在上述学习的基础上，以各个工会小组为单位组织征文的写作和演讲。原则上每个工会小组至少撰写一篇征文稿件。

3. 要求

（1）按照职责分工明确的要求，本次学习活动各个分会主席为主要负责人，负责组织、指导和联系工作。各个分工会主席要切实负责，高质量地完成好本次医院党委赋予我们工会的任务。各个分工会要保障活动的记录完整。

（2）本次学习和征文活动，要求全体工会会员和新职工参加，尤其是

40岁及以下的员工要全部参与。年轻医师、护士和其他一线的工作人员，要积极参加学习、征文和在征文基础上进行的演讲比赛。

（3）各个分工会负责征文的收集和审核把关。以分工会为单位集中在"快乐职工之家"QQ群内（小窗口）上报给医院工会办公室主任付军。

（4）所有征文必须主题鲜明、体现社会主义核心价值观和医院的院训精神。征文字数一般控制在3000~6000字之间。

（5）征文截止时间：2014年7月31日（星期四）17：00。

武汉大学中南医院工会委员会
二〇一四年七月一日

第二部分　李雁教授事迹介绍

第一节　李雁教授简介

李雁教授是武汉大学中南医院肿瘤科一级主任医师、博导，肿瘤生物学行为湖北省重点实验室副主任，武汉大学肿瘤研究所所长。为武汉大学珞珈杰出学者特聘教授，教育部新世纪优秀人才（2004 年）获得者，湖北省政府特殊津贴获得者（2011 年），湖北省首届医学领军人才培养工程入选者（2013 年）。

一、一位具有创新思想和突破能力的学术型医生

李雁在临床上主要从事胃癌、大肠癌等胃肠道肿瘤的手术及综合治疗，尤其专注于腹部肿瘤转移复发的综合诊疗新技术研究，对腹膜转移癌的综合治疗进行了 10 多年开拓性探索，系统总结了各种肿瘤标志物在腹膜癌形成进展中应用价值和诊断模式，创建了动态、静态影像学结合综合评估腹膜癌程度的检查方法。腹膜癌是一种恶性程度很高的疾病，由于没有有效的治疗方法，患者的平均生存期只有 6 个月。为探索治疗腹膜癌的方法，李雁教授在国内较早开展了规范化细胞减灭术加术中腹腔热灌注化疗治疗腹膜转移癌的临床实践，并通过临床应用，使胃癌腹膜转移癌患者的生存期延长近 70%，结直肠癌腹膜转移癌患者生存期延长 40% 以上。该技术已使 205 位腹膜癌患者受益，患者平均生存期由 6 个月延长到了 16 个

月，许多患者活过 3 年，一位叫李卫兰的患者甚至活过 8 年，创造了国内腹膜癌存活最长纪录。

李雁教授 2012 年在第八届国际腹膜表面肿瘤大会上详细报告了系列临床研究结果，获得国际同行的积极评价，美国 Sugarbaker 教授认为该系列临床研究解决了胃癌腹膜癌治疗领域中长期期待的高水平证据问题，堪称该领域的里程碑研究。相关成果经湖北省科技厅鉴定认为部分达到国际先进水平。李雁教授因此获得了 ASCO 国际发展与教育奖，成为我省首位获此殊荣的医生。

李雁教授主持或作为骨干参与的科研课题有 15 项，包括国家自然科学基金创新群体项目、重点项目、面上项目、国家科技重大专项、教育部新世纪优秀人才支持计划、全国优秀博士论文专项等。共发表 SCI 论文 77 篇。近 5 年 SCI 论著 56 篇，累计他引 355 次，第一作者论著单篇最高引用 32 次。其科研成果 2004 年获得湖北省科技进步二等奖，2006 年获得国家科技进步一等奖。2008 年，他摘取全球肿瘤学界很有影响的国际奖——美国临床肿瘤学会（ASCO）国际发展与教育奖，成为我省首位获此殊荣者。

因在学术领域的突出成就，李雁教授还被国际最权威的生物医学工程杂志《生物材料》聘为新一届副主编，成为该杂志历史上首位中国籍副主编。

李雁每次接诊病人时，不仅会耐心而细致地向患者讲解病情或手术过程，为了让沟通更直白，他还养成了一个职业习惯：一边讲一边画，就像媒体报道的一样犹如一名"速写师"。

从医 25 年来，李雁教授一直坚持为患者画图讲解病情，至今已画了一万多张，其中不少病情草图还被患者珍藏。除了给患者准确画出病情草图，他自己还画了十几本病情分析图，记录了他接诊的一些典型病例，犹如一份厚重的"病例档案"。

李雁在办公室里放着的"病例档案"共有 11 本，每本厚薄不等，上面画着人体胸腹部位的组织器官结构图，有 1000 多张。每做一台大手术，李教授都会给病人手术前、手术后分别画 1 张示意图，记录手术前的思路、手术中的发现和手术后的处理。这已成为了他的习惯。

李雁认为给患者画图，是为了讲解病情让患者更清楚，绘画并保存这些图，是为了记录典型病例、为较大的手术做准备及术后总结，帮助分析病情，提出治疗方案。

耐心和沟通，是当下医患关系的短板，李雁教授用病情草图的方式讲解病情，简单勾勒出病症所在及手术的方式，让病患消除了内心的担忧，是缓解医患关系的一个积极尝试。病情草图是医患沟通的一种形式，却体现了医者的责任和担当。

二、教书育人桃李天下

李雁教授主要承担了医学本科生、硕博士研究生、国际留学生的肿瘤学教学指导工作。其博士研究生陈良冬论文获得中华医学会主办的"第五次全国肿瘤中青年学术会议"优秀论文二等奖，宝钢医学奖，武汉大学朱裕璧医学奖。与杜予民教授共同指导本科生研究团队获得湖北省第六届"挑战杯"大学生课外学术科技作品竞赛特等奖、飞利浦"挑战杯"全国大学生课外学术科技竞赛三等奖。博士研究生陈创、彭春伟获得教育部博士研究生"学术新人奖"。指导医学生获得全国大学生创新研究国家级重点课题4项。

因为在医学教育领域的突出成绩，李雁被武汉大学医学部授予朱裕璧医学奖（2008年），2次荣获医学突出贡献奖（2011，2012）。

第二节　李雁教授演讲稿

践行院训　爱岗敬业　坚守梦想　不懈努力

武汉大学中南医院肿瘤科

李　雁

尊敬的各位领导、各位老师、各位媒体朋友、各位同道：

大家好！

武汉大学中南医院是我和我的同事们致力勤勉工作的场所，也是我们为医疗卫生事业辛勤耕耘的田园，更是我们实现价值、感受归宿的家园，从加入这个集体的第一天起，"大医精诚、敬畏生命"的院训就铭刻在我的内心。选择学医，从事医疗卫生事业，大家都有一个共同的梦想——解密生命密码，治病救人，梦想如此美好，追梦的道路却是荆棘遍地，充满挑战，无数前辈和同道为此默默无闻地奉献青春和生命，前仆后继只为追寻笃定的梦想。我只是他们当中普普通通的一员。在我寻梦的道路上，我有幸来到武汉大学中南医院这个平台，在武汉大学百年文化精髓的熏陶下，在中南医院领导的关怀和各级专家的指导下、在同事们的帮助和支持下，我在平凡的岗位上做到了扎扎实实干事，踏踏实实做人，坚守住了自己的梦想，本职工作得到了医院和社会的肯定，这对我是莫大的鼓励，同时也是激励和鞭策。我认为这个荣誉，应该是对医院核心价值观的肯定，更是对全院医疗一线人员奉献精神的褒奖。在此，请允许我首先对院领导的关怀、导师的教诲、肿瘤学科同道们的帮助以及全院同事们的支持，一并表示衷心的感谢！遵照医院的要求，我结合自己的工作特点，汇报一下自己在临床医疗、科学研究和医学教育方面的工作和体会，不当之处，恳请同道们批评指正。

一、脚踏实地换位思考，耐心细致沟通交流，尽心尽力做好临床医疗

临床医疗的核心是临床、是直接与各种各样的疾病打交道，是实实在在、纷繁复杂、看似凌乱却有深刻规律的日复一日的繁琐工作。如今社会处于转型时期，各种矛盾凸显，医患矛盾成为集中爆发点，医院不幸成为雷区，医护人员成为高危工种，本应建立高度信任和认同的医患关系成为一触即发的敏感关系，这种不正常的现象亟待改变，否则没有信任何谈治疗，没有认同何谈进步？医生和患者的共同敌人是疾病，医患应该是同盟关系，而不是对立关系。分析个中原因，我认为主要原因是站位不同：医生从临床医学出发，关注是导致疾病的物质基础，并依此为依据诊断和治疗疾病。而病患在遭受疾病折磨的同时，其心理和行为是非常复杂的，这也是临床医学中非物质层面的问题，社会文化、民俗心理、宗教信仰、地域环境、政治经济地位等诸多因素，决定了病人的就诊行为方式。就肿瘤

学而言，大多数病人就诊时，病人的内心世界可以说是风云变化、翻江倒海的。面对疾病，医患认识不对等的问题，可能就会导致沟通的障碍、误会的产生甚至矛盾的潜伏。

在临床一线，我眼见了太多悲欢离合和无可奈何，最痛心的是因无知或产生悲观情绪，不配合治疗；或盲目恐慌而过度医疗；因贫困而放弃治疗；因不信任医生而胡乱吃药。看到一个个本该得到规范治疗而康复的病人在其他因素的干扰下逐步走向危险境地时，我就在思考：临床医疗不仅仅是治病救人，还要想办法帮助病人及家属解决心理问题。具体做法就是换位思考、沟通交流、摆事实讲道理、大力科普、消减疑虑。病人非医学专业人士，如何做到"深入浅出"、"显而易见"是关键，摸索多年，我发现简洁易懂的示意图就是最有效的方式之一。把有利的事实、不利的事实全部显示清楚后，只要讲出核心要点，病人及其亲友就会自己做出合理的逻辑分析，自然明白其中的道理，得出相对客观的判断。所以，我们在术前谈话、术后病理结果分析，以及出院小结时，一般都尽可能全面地向病人亲友讲清楚关键事实，相信他们的逻辑判断和分析能力，在此过程中，病人和家属也能见证医生的细心和耐心，无论从情感还是从道理上都容易达成共识。

所以，在临床一线中，与病人及其亲友交流，我们必须坚持现实主义加理想主义，坚决摒弃虚无主义和神秘主义。现实主义，就是细致梳理事实部分，做到简洁、明了、易懂，要把艰深晦涩的专业术语、复杂图像，转变成大众化的语言和图形，形成科学的、客观的大众医学。理想主义，就是相信病人及公众的认识能力、理解能力和判断能力，能够达到与我们相一致的程度，只要我们找到一种合适的表达方法。反之，如果不相信病人的理解力和判断力，认为讲了病人也不明白，干脆不说或简单应付一下，这就陷入虚无主义；如果不把专业语言转变成大众语言，则会滔滔不绝，如讲天书，病人越听越玄，越听越晕，不停地似是而非地点头，实则一头雾水，不得要领，这就陷入神秘主义。如果病人不能形成最基本的理解和判断，就不能与我们达成一致性的认识，对治疗的复杂程度、对结果的心理预期就会产生很大偏差。这就为矛盾和对立埋下了伏笔。因此，我们必须要有细心和耐心，全面把握事实，与病人一起细致分析，宁可多做前期工作，也不要事后亡羊补牢。

　　我们应当认识到，随着人们物质文化水平的提高，对知情权的要求越来越高，医患沟通必不可少，这是临床一线工作的实质核心问题。唯有做好物质层面的工作，才能"治病"；唯有做好精神/心理层面的工作，才能"救人"；两者的完美结合，才能体现"大医精诚、敬畏生命"的丰富内涵。

二、大胆设想小心求证，孜孜不倦探索创新，严谨认真做好医学科研

　　病患来到医院就诊，代表着对医院和我们医生的满心信任，期待我们的努力解除他们的痛苦，还给他们健康。然而现实并不能事事如意。我们必须承认，在临床工作很多方面不断取得进展的同时，更多方面确实是难有作为。我们对很多疾病的认识水平和认知能力都存在很大的局限性，我们的疾病诊治技术水平还需要不断提高和改进，甚至我们的一些诊疗技术方向也未必与我国的临床实际现状相适应。这需要我们自觉遵照实践论和认识论的基本规律，大胆设想、小心求证，不断探索和创新，严谨认真做好医学科研，尤其是立足于实际工作的临床科研，在实践探索中实现扬弃和飞跃，推动医学知识的进步和临床诊治技术的提高。具体到我的专业临床肿瘤学而言，当前的最大难题是肿瘤转移复发。在我国最常见的腹盆腔恶性肿瘤中，包括胃癌、大肠癌、卵巢癌等，至少有三分之一的患者在初诊时就出现了显性或隐性的腹膜转移癌。这是一个非常艰难的临床实际问题，主要原因是在目前的学院医学教育中几乎没有这方面的知识论述，因此绝大多数医生和医学生对其所知甚少，故不知如何应对，临床上通常的做法就是"避而不谈、绕道而行"，消极应对一下。久而久之，就形成了目前临床肿瘤诊疗中的"老、大、难"问题："老"是指该问题由来已久，长期以来对于腹膜癌的发生进展理论和防治技术均无重大进展；"大"是指该问题影响面广，受危害的患者群体大；"难"是指针对难治性腹水、顽固性腹痛、快速进展性肠梗阻这三个核心症状，一直缺乏较满意的治疗措施。

作为肿瘤临床诊治的区域性中心和国家级基地，我们有责任和义务披荆斩棘开拓出一条解决的路径。所以，我们在过去12年中，一直潜心研究、努力探索针对腹膜癌的综合诊治新策略。我们按照循证医学的发展路线，进行了一系列的基本病理机制研究，诊断学研究，临床前治疗学研究，1期、2期、3期临床治疗研究，获得了完整的循证医学证据链。最终创建了科学易行、便于推广的腹膜癌综合诊断和治疗技术体系，不能降低了诊断难度、降低了诊断成本，更大幅度提高了治疗效果，使腹膜癌患者的生存期延长50%以上。这些工作说明，只要我们敢于直面难题，大胆设想、小心求证，就能够攻克难题，为推动临床诊疗技术的进步作出实质性贡献。

三、胸怀理想甘为人梯，以身作则率先垂范，积极灵活做好医学教育

在专业医学教育方面，我坚信青出于蓝而胜于蓝，长江后浪推前浪，坚信我们辛勤培养、严格训练的医学生，有思想、有胆识、有能力、有技术把我们从前辈、从导师那里所学到的知识、技能继承下来、发扬光大，并奋力推向一个新高度，为我国的医疗卫生事业作出突破性的新贡献，书写属于他们的壮丽人生精彩华章。因此，对于医学研究生，我的要求是必须亲历临床，必须深入实验室，必须学会细致观察、准确记录、正确分析、严密归纳、深刻思考。研究生训练，非一日之功，在鼓励他们立志高远的同时，我必须以身作则，身体力行，率先垂范，身教重于言教，说再多不如带着他们走一遭。我要求他们能吃、能喝、能干，会说、会写、会想。能吃，就是吃苦，更能吃亏。能喝，是喝得下胜利的香槟，也能喝下失败的苦酒。能干，是指能干开花结果的收获工作，更能干开垦耕耘默默无闻的基础性工作。会说，是指硕士研究生能会说99句专业语言，说明白1句自己的学术研究心得；博士研究生说好90句专业语言，说透9句自己的学术研究心得，说1句属于自己的独特语言。会写，是指会写汉字，更会写汉语；会写英语单词，更会写英语篇章段落，书写的文字要通顺，符合语言逻辑和表达习惯，要有可读性和艺术性。翻译的文献至少要达到确"信"、通"达"、小"雅"。会想，是指会想"实"的，把具体工作安排

好；会想"虚"的，把要表达的观点想明白；会想"玄"的，能够进行大跨度科学联想，锻炼战略性前瞻性思维能力。通过这些训练过程，大部分研究生都取得了可喜的进步，具备较强的创新能力，他们的工作事业迈上了一个新台阶。在毕业的 10 名博士研究生中，1 人入选武汉大学珞珈青年学者，1 人获湖北省杰出青年基金支持，2 人获得湖北省或武汉市优秀科学论文，2 人获得教育部学术新人奖，5 人 6 次获国家自然科学基金资助，3 人获国家发明专利。此外还培训了 4 个国家大学生创新计划团队。

在大众医学教育方面，我坚信要两条腿走路，教学科研是一方面，另一方面更重要的是群众科普路线，我坚信掌握正确的防癌抗癌知识的社会大众是战胜癌魔的最强大力量。武汉大学中南医院的肿瘤学科是国家重点专科的建设单位，是湖北省肿瘤医学临床中心、肿瘤生物学行为湖北省重点实验室、武汉大学医学部肿瘤研究所的挂靠单位，也是武汉市建立中部医疗中心肿瘤学国家重点专科的牵头单位，在向公众普及正确防癌抗癌知识方面，肩负着义不容辞的社会责任。作为这个群体中的一员，我也理应有这种认识自觉和行动自觉，归纳导师传授给我的知识，汇聚同事们成功的抗癌经验，采用一种简单易懂、灵活直观的形式，传播给公众，奉献于社会。因此，每次术前谈话、术后病理诊断分析讨论，我都当做一次小型的"抗癌知识公开课"，请尽可能多的病人亲友参加，使他们接受正确的抗癌知识，转化为他们日常生活中的自觉抗癌行动。事实表明，涓涓细水，终能汇聚成抗癌洪流，这种长期不懈的"小型公开课"，确确实实已经改变了很多人对防癌抗癌的认识和行为。当然，我们也希望进一步改进、推广这种方式，形成具有武汉大学特色的"珞珈抗癌大讲堂"，或"中南医院抗癌公开课"，以为推动群众性防癌抗癌运动做出更大的贡献。

大医精诚，明德修身，道不可坐论，德不能空谈，在当今社会背景下，我们医务工作者践行社会主义核心价值观应该走在前列，为规范社会秩序，倡导社会新风主动作为，我们要从感动中国人物，从时代先锋模范身上，看到一种理想，一种信念，汲取一种精神，一种力量，踏实做好本职工作，一步一个脚印，以点滴努力换来病患的健康，发扬医者仁心，重塑大医大德，为弘扬社会的正能量尽一份绵薄之力。

再次感谢大家！

第三部分　新闻媒体评价

第一节　媒体报道

一、25 年画万余张草图为患者讲解病情
中南医院李雁教授如"速写师"

面对急切希望了解病情的患者和家属，有些医生要么金口难开半天才不耐烦地吐出几个字，要么用一大堆专业术语把人说得云里雾里，这种态度让不少患者感到不满又无奈。

但是在武汉有这样一位外科医生，从医 25 年来，每次接诊病人时，不仅会耐心而细致地向患者讲解病情或手术过程，为了让沟通更直白，他还养成了一个习惯：一边讲一边画，犹如一名"速写师"。

他是中南医院肿瘤二科专家李雁。他说，沟通是医患间产生信任的基础，"尽管医生都很忙，但多花点时间与患者沟通，值得。"

速绘草图讲解病情　赢得北京患者信赖

"你看，这张图是女儿术前身体情况，这张是术后身体结构的改变。"4 月 4 日上午，在中南医院内科住院部病房，39 岁的李莉（化名）精神还不错，她的父亲高兴地从床头柜里拿出几张图纸，一一向记者讲解。

这是几张用水性笔勾勒的草图，系主治医生李雁教授所画。记者看

到，其中一张画着腹部器官结构，在直肠部位边还写了个"100%"。李莉说，这是李教授为她画的造瘘手术示意图，"100%"是告诉她"手术虽无法保证100%成功，但成功几率很高，要有信心。"

这是李雁教授为李莉画的第4张草图，正是这几张草图打动了李莉，让她下定决心大老远从北京到武汉住院治疗。

李莉曾任北京一家跨国公司高管，2012年初被诊断为阑尾腺癌晚期，虽然在当地医院接受治疗，但癌细胞仍然发生转移。经多方打听，她得知武汉中南医院李雁教授擅长治疗此病，几番沟通之后，于2014年2月13日来汉就诊。

"开始我们只是抱着过来试试的心态，并未确定在武汉住院，毕竟北京医疗条件更好。"李莉回忆说，自己第一次向李雁教授咨询时，一个意外的细节打动了她——之前在北京多家医院，医生讲述她的病情与治疗方案时，要么说得很简单，要么用非常专业的术语，让她听得一头雾水，而李教授在讲解时不时拿出白纸，在上面快速描绘出病变部位及手术方案，非常通俗易懂，连父亲都听得明明白白，一家人当时就觉得，"这个医生不错，对病人有耐心，就在这里治了。"

草图既简洁又直观　六旬老汉也能看懂

通过绘草图来讲解病情，李雁并非只针对李莉一人。在面对患者时，他常常"笔耕不辍"，每次沟通病情都是边画图边讲解，无论是介绍病情还是手术思路都很直观。

记者当天采访时，正巧碰到李雁查房，在患者张先生床前，其岳父彭师傅询问女婿恢复情况，李雁熟练地从衣兜里取出笔来，打开文件夹，一边说一边画："你看，这是结肠癌发病的位置……这是主要转移的地方……"看得60多岁的彭师傅连连点头。

李雁离开病房后，张先生从床头柜里又取出几张手绘的草图。"看，这也是李教授为我们画的。"彭师傅告诉记者，35岁的女婿患有结肠癌转移腹膜癌，上月13日接受了手术。从第一次就诊，到平时检查，再到手术前谈话，李教授都会边画图边和他们沟通病情。

彭师傅说，住院两个多月来，李医生给他们画过腹腔、胸腔示意图，画过肝、肾、升结肠、降结肠等脏器的位置，画过肿瘤长在什么地方、手术可能出现什么情况等等，让他们非常信服，也放下了心中的恐惧，"我这个原本不懂医的人，也学会了很多医学知识。"

25 年随身带纸笔　随时动笔画出病情

为患者手绘草图讲解病情，这已成了李雁的职业习惯。无论是坐诊还是查房，他总习惯拿着一个小文件夹，里面夹一叠白纸，胸前衣兜里插着一红一黑两支水性笔。

"我画这些草图纯粹是为了讲解病情，比较潦草。" 50 岁出头的李雁回忆说，第一次给患者画图讲解病情，是在自己工作的第一年，当时接诊了一名外省农村来的大肠癌女患者，因对方方言太重，又听不懂普通话，且不识字，双方交流十分困难。正在一筹莫展之际，他突然想到办法，掏出笔在纸上画下病变部位和手术方案，不知不觉连画了好几张，让他高兴的是，那名女患者很快就明白了。

发现画图效果不错后，李雁慢慢形成了"既动口又动手"的习惯，并且不知不觉一画就是 25 年，基本上每接诊一名患者，少则画一两张，多则画十余张，粗略推算累计超过 1 万张。

"医生有义务让病人清楚地了解自己的病情和治疗方案，不能用专业术语来敷衍他们。"李雁说，每位肿瘤患者和家属压力都很大，耐心介绍治疗方案，可以缓解他们的焦虑，也有利于他们配合医生治疗。

一笔一画增进互信　同事认可患者称赞

"他一边讲一边画的习惯，同事们都知道。"中南医院肿瘤科主任熊斌教授说，现在大医院医生都特别忙，工作压力和精神压力都很大，但李雁教授愿意花时间跟患者交流、沟通，非常有耐心，深受患者好评。该院肿瘤二科护士长钟君更是告诉记者，不少康复的患者十分感激李教授的耐心与细心，出院后还把他画的草图收藏起来当纪念品。

近年来，医患之间因沟通不畅导致的矛盾甚至冲突时有发生，其中部分导火索，就是医生对患者缺乏耐心，让本就饱受病痛折磨的患者，心理上承受的压力与恐慌难以缓解，从而引发不必要的误会。对此，中南医院医务处负责人梁辰说，李雁教授的做法对于疾病的治疗以及和谐医患关系的构建，有着非常积极的意义。

一位来自随州的患者林先生，曾在中南医院网站上留言道："以前，我们去一些医院就诊，专家们分析讲解病情大多比较简短，也很专业，我们听了还是不明就里，李雁教授态度亲和，而且一边画图一边细心解答，让我们感受到莫大的安慰！"

【《楚天都市报》2014 年 4 月 8 日，编辑：高翔】

二、将心比心　最见医者父母心

武汉大学中南医院肿瘤二科专家李雁，从医 25 年来，每次接诊病人时，不仅会耐心而细致地向患者讲解病情或手术过程，为了让沟通更直白，他还养成了一个习惯：一边讲一边画，犹如一名"速写师"。

耐心和沟通，显然是当下医患关系的短板。谈起去医院看病的体验，大多数人都是一声叹息地表示：排几十分钟队挂号，再排上几个小时候诊，最后跟医生就是三句话，两分钟，一堆药，各种不放心。但站在医生的角度想想，每天有那么多病人要看，专业知识又不是三言两语能解释清楚的，提高效率也是为了让更多患者及时就诊。而且，有些重大疾病，医生会考虑患者的心理承受力，在陈述病情时也会比较保守。由此看来，在就诊体验的问题上，医患双方都有苦衷，但都找不到沟通的渠道，所以会产生误会，甚至滋生矛盾。

可见，医患矛盾产生的一大症结，还是在于信息不对等。而"手术速写师"李医生，显然在这个问题上，经过了设身处地的换位思考。在双方互信的基础上，将信息尽可能地传达给患者，弥补医疗中天然存在的专业隔阂，是对他人对事业的尊重，更是细致负责的"医者父母心"。

医生工作强度高、压力大，难免有现实与理想的纠结，有理智和情感的碰撞。有时候，患者也应推己及人，尊重科学，给予医疗工作者充分的信任。所谓医人先医心，唯有医患同心，才能让医疗发挥其最大的功用，才能与命运的无常抗争。

当下，的确存在一些医疗纠纷，甚至产生了一些极端效应，但是，总有这样一些医生，在专业上孜孜以求，在对待患者时将心比心，书写着济世情怀。如果我们每个人，都能感受和理解其中的苦心，思考更多更好的医患沟通之道，李医生的坚持便有了更为积极和广泛的意义。

【《楚天都市报》2014 年 4 月 9 日 A08 版，编辑：高翔】

三、央视聚焦"手术速写师"大医情怀

从医 25 年来，每次接诊病人时，他都会耐心细致地讲解病情或手术过程，还养成了一个习惯：一边讲一边画草图，犹如一名"速写师"。粗略推算，25 年来他画的这种草图累计超过 1 万张。4 月 8 日，武汉大学中南医院肿瘤二科专家李雁教授的看病故事经本报独家报道后，引起社会各界广泛关注。昨晚 11 时，中央电视台新闻频道《24 小时》栏目对"手术速写师"李雁进行了报道。

这段时长 5 分钟的新闻中，39 岁的北京患者李莉（化名）及家属讲述了李雁教授的细致和耐心。接诊过程中，李雁教授详细地为她讲解病情及手术方案，边讲边画，前后画了 7 张直白、形象的病情草图，消除了她心中的恐惧，让她坦然面对病情，积极配合治疗。另一名患者家属则表示，李雁教授非常注重与患者的沟通，让他们看病很放心。

在接受记者采访时，李雁教授说："沟通就是治病。一般来说，医患双方沟通得比较好的，治疗效果也就比较好。医生要有两颗心，一颗是爱心，另一颗是耐心，充分的沟通是医患互信的基础，有利于患者积极配合治疗，医生多花点时间与患者沟通，值得。"

对此，节目主播评价说，"手术速写师"通过画图的方式为患者讲解病情，这种沟通对医患关系而言是一剂良药，难能可贵。

除央视外，人民网、中国新闻网、《南方都市报》等媒体纷纷转载本报报道并刊发评论文章，称李雁的"'病情草图'是打开医患死结的钥匙"，数万名网友留言，称赞他对病患的耐心和细心，力挺他对患者知情权的尊重。

【《楚天都市报》2014 年 4 月 11 日，编辑：高翔】

四、25 年一笔一画绘就大医仁心

"天下难事必作于易，天下大事必作于细。"这句话出自老子《道德经》。意思是说难事都是从容易做起，大事都是从细小开始。

在中南医院肿瘤专家李雁教授的一个笔记本的扉页上，也写着这句话。翻开笔记本，里面是一页页草图，记录着李雁做过的一例例癌症手术。这样的草图，在他 25 年的从医生涯里，画了一万多张，这些图画不仅保存在笔记本里，也深深地印在患者及家属的心里。

"沟通重要的是让病人听得懂"

查房、接诊、手术、教学、科研、会议……李雁每天都很忙。"从清晨一直工作到深夜，这对于医生来说是很平常的事情。"李雁说。

日复一日、年复一年，今年近 50 岁的李雁，始终坚持与病人及家属画图沟通病情的做法。

"医患沟通最重要的是让病人和家属听得懂医生的话。"李雁说。

第一次有此体会，是在李雁工作的第一年，当时他接诊了一名外省农村来的大肠癌女患者，因对方方言太重，又听不懂普通话，且不识字，双方交流十分困难。正在一筹莫展之际，李雁突然想到办法，掏出笔在纸上画下病变部位和手术方案，不知不觉连画了好几张，让他高兴的是，那名女患者很快就明白了。

从那以后，李雁每接诊一名患者，少则画一两张，多则画十余张。从医 25 年来，这样的病情草图，他画了万余张。"让我印象最深的是，岳母做手术前后，我们想了解她的病情以及手术后预期效果，李雁教授非常耐心细致地给我们边画图边讲解，态度和蔼，他给我们画胃体、幽门、胃大弯、胃小弯……让我这个不懂医学的人看了也直观明了。"武汉人何先生至今将李雁画的图保存着。

"医生首先要消除病人的恐惧"

55 岁的姜华家在武昌，是一家企业的高级管理人员。2009 年初，他妻子查出卵巢癌，后来转移到直肠，于是找到李雁求医。

"当李雁教授告诉我们要做手术时，我夫人很担心很害怕。手术前，李教授给我们详细讲解了病情、手术会用什么方法，以及术中术后会出现什么情况，我们提出任何疑问，他都耐心地和我们讲解分析，不懂的地方就画图解释。那些专业的医学知识，通过那些示意图和通俗易懂的语言讲出来，我们一下子就懂了。我们对手术后的情形也有了自己清晰的判断，内心的恐惧没有了。"姜华说。

"肿瘤病人都会面临巨大的恐惧。恐惧的原因主要是对病情及手术效果的不了解。医生治病先要消除病人的恐惧。"李雁说，与病人及其家属沟通，他主要抓住三个重要的时间点：诊断、术前和术后。

"女儿手术经历了 17 个小时，从清早 7 点半一直到午夜 12 点半，我们守候在手术室外，心情非常紧张，好在李雁医生在手术间隙向我们通报了手术进程。我们知道手术很艰巨，但很顺利，有些处置效果甚至超出了预期。那刻我们心里充满感动！"患者李莉的母亲哽咽着回忆。

"通过有效的沟通，尽可能地让病人或家属充分地知晓病情。病人心中的恐惧和不安减少了，消除了，治疗才可能顺利进行。"李雁说。

"老师的医者情怀让人最为钦佩"

于洋是李雁的硕士研究生。有一次，他在病房实习，和一位病人进行手术前谈话。"我讲了很多专业上的东西，但那位病人听了半天还是满脸疑惑，然后他对我说：'你是想让我签字吧？我就给你签了吧！'当时，我特别尴尬。"

后来，跟着李雁教授学习，于洋发现，李雁在每个病人手术前，都会把所有想要知晓病人情况的家属召集起来，然后花很多时间和他们沟通。"老师边说边画，从术式选择、手术过程、预后、可能的风险等，他都边讲边画，同时还会回答病人和家属的提问，谈完后，老师会把图送给病人和家属，让他们不急于做决定，考虑好后再签知情同意书。"于洋说。

李雁常对学生说，让病人签知情同意书，什么是知情呢？知情的深度和广度分别是多少？如果想用 3 分钟，通过一个空洞的说教，让一个外行人完全能明白，世上没有这样的天才。

"跟着老师实习，最让人钦佩的是他关爱病人、以人为本的医者情怀；耐心细心、矢志不渝的工作态度；尊重患者、热爱生命的职业操守，这都值得我们学习，成为像他一样的好医生，也是我今后努力的方向。"于洋说。

"李医生的细心帮我捡回一条命"

鄂州市汀祖镇刘畈村农民徐刚（化名），2007年年初在某市医院被误诊为"结肠癌"。当年5月在当地医院做了"右半结肠切除术"，术后做了6个周期化疗。化疗结束后，徐刚的病情不仅没有好转，反而越来越严重。当年12月转到中南医院时，他已经"病入膏肓，奄奄一息"。

李雁接诊后，仔细分析病人厚厚的一叠病历资料，从一张病理报告复印件上，他发现了疑点："从患者的这张病理图片上看，肿瘤的形态结构不像是结肠癌，而像是淋巴瘤。"李雁连忙调阅病人原来的手术病理资料，请病理科专家重新进行鉴定会诊，病理确诊结果证实了李雁教授的判断是正确的。

徐刚的弟弟接受记者采访时回忆说："李教授对我哥的病非常认真负责，及时给我哥调整化疗方案，第二天我哥就开始了化疗。"后来，李雁又为徐刚成功实施了手术，彻底清除了肿瘤。

出院的那一天，正好是徐刚42岁生日。他紧紧握着李教授的手说："我以为我过不了42岁，是你的细心把我从死神那边拉了回来。"

手术7年过去了，徐刚现在鄂州做木匠，李雁每年都要与他通一次电话，对他手术后的状况进行跟踪回访。

这张病理报告复印件，被李雁珍藏了下来。他以此来告诫自己和学生：难事必作于易，大事必作于细。人命关天的事情，丝毫马虎不得。

【《楚天都市报》2014年5月27日，编辑：高翔】

五、"草图医生"传递医学温度

患者有一颗感恩之心，医生有一颗敬畏之心。两颗心交流碰撞，就会产生巨大的正能量，汇聚成不可阻挡的强暖流据报道，武汉大学中南医院肿瘤二科专家李雁每次接诊病人时，不仅会耐心细致地向患者讲解病情，还养成了一个习惯：一边讲一边画，犹如一名"速写师"。每接诊一名患者，少则画一两张，多则画十余张。25年来，他画的草图累计超过1万张，被网友称为"草图医生"。

一张草图，看似简单，体现了医者仁心，传递着医学温度。医疗行业的一大特点是信息不对称，医患之间存在巨大的"知识鸿沟"。在医生面前，患者处于专业劣势。因此，如何用通俗易懂的方式让患者了解疾病，尤其是理解医学的风险性和局限性，是医患沟通的重要内容，也是避免医患冲突的关键一环。事实上，不少医患纠纷是由于医患沟通产生误解所致，这些误解大多源于患者对医学知识的不理解。如果医生能用形象的语言，把晦涩难懂的医学知识说清楚，就容易获得患者的认可和理解。

医学之父希波克拉底曾说过，医生有三大法宝：语言、药物、手术刀。但是，很多医生过度迷信药物和手术刀，而忽视了语言的作用。一些医生态度傲慢，惜字如金，或者是没有时间沟通，或者是不愿意沟通，甚至是不屑于沟通。而对于患者来说，为了挂上一个专家号，有的通宵熬夜排队，有的和"号贩子"斗智斗勇，有的长途跋涉，有的债台高筑。如果来到诊室后，医生草草几句话就打发了，甚至表情麻木、言语生硬，患者难免心生怨气，加剧了对医生的不信任。根据心理学原理，厌恶型刺激会激活个体的愤怒情绪、敌意想法和不良记忆，进而诱发攻击。相比之下，"草图医生"的做法拉近了医患距离，让冰冷的医学有了人性的温度，可谓"一图胜千言"。

其实，作为医生，语言沟通固然不可或缺，心灵沟通更为重要。有时，医生并不需要很多语言，一个眼神、一个动作，就足以让患者记一辈子。医生是不是用心，患者是能感觉到的。著名医学家林巧稚深受病人爱戴，不是做了多少高难手术，而是因为一件件微不足道的小事。例如，给产妇掖掖被角、擦擦汗珠，和病人拉拉手、谈谈心。恰恰是这些细节，成就了她的伟大。所以，医生给病人开的第一张处方不是药物，而是关爱。

医患沟通，贵在将心比心，换位思考，因为躺在床上和站在床边的感觉是完全不同的。一位医生记得，有一天早晨，当他走进手术室时，看见病人正躺在手术台上。无意间，他注意到病人开始发抖，而手术室的温度很正常。他问病人："你冷吗?"病人有些尴尬,说:"不冷,只是控制不住。"他突然懂了,在一个陌生的环境中,把自己的身体交给一群陌生人,面临不可知的结果,谁又会不恐惧呢?冷的,不是环境,而是心里。此时,医生一个手势、一个微笑,就是最好的沟通。

温暖是可以传递的,也是可以循环的。每个人感受到的温度,也是自己散发的温度。一位医生准备做一台手术,他照例安慰病人:"紧张吗?"病人说:"你吃饭了吗?我手术时间长,别饿着了。"一句话,让医生感动得几乎掉泪。这位医生说,遇到这样的病人,再苦再累也值了。在此,患者有一颗感恩之心,医生有一颗敬畏之心。两颗心交流碰撞,就会产生巨大的正能量,汇聚成不可阻挡的强暖流。

医学的温度,是从一颗心到另一颗心的温度。医患之间,互相珍惜,互相给予,医学才是温暖的。

【《人民日报》2014 年 5 月 23 日 19 版,编辑:高翔】

六、绘图讲解是对患者知情权的尊重

武汉大学中南医院肿瘤二科专家李雁接诊病人时坚持画草图讲解病情,解释手术过程,化解病人疑虑,减轻病人术前心理负担,25 年来画了万余张示意图(详见本报 4 月 8 日 A08 版)。报道见报后引起广泛社会关注,央视等媒体聚焦,数万名网友点赞,《南方都市报》评论称"绘图讲解,表达了对患者知情权的尊重,'病情草图'是打开医患死结的钥匙"。……

连日来,经李雁诊治的省内外多名患者及家属致电本报,他们说,李医生画的示意图让患者安心,李医生的耐心和细心,更是暖了患者的心。

"他画的草图让病人放下包袱"

9 日上午,34 岁的何杰带着岳母到中南医院肿瘤科复查病情。何杰家住汉口,是一家公司的白领。岳母彭女士今年 62 岁,患有胃癌。今年 1 月,彭女士在中南医院肿瘤科就诊,李雁教授为她做了胃部肿瘤切除手术。"让我印象最深的是,我岳母做手术前后,我们都非常急切地想了解她的病情以及预后效果，李雁教授非常耐心细致地给我们边画图边讲解，态度和蔼。"何杰说，"他给我们画胃体、幽门、胃大弯、胃小弯……肿瘤出现在哪里等等，让我这个不懂医学的人对岳母病情也有了很清楚的了解。"

何杰说，正是李雁教授配合讲解病情画的两张草图，帮助她的岳母坦然面对，积极配合治疗，"我觉得这两张图对我们特别有帮助，就一直保留着。"何杰从随身携带的装有岳母病历、CT报告单等资料的袋子里，拿出一张A4白纸，上面的草图，就是李雁教授几个月前所画。

"他想办法帮我节约治疗费用"

58岁的涂阳杰是洪湖市汊河镇权头村五组农民，患有胃恶性淋巴瘤，2005年9月28日李雁教授给他做了手术。"我当时心情很低落，是李教授给了我勇气活下来，是他给了我第二次生命。"涂阳杰说。

当时涂阳杰还没有加入农村合作医疗，李雁教授就想办法为他节约治疗费用。"他为了给我省钱，让我每周一早晨来医院治疗，周五回家。我每次来，李医生都给我提前准备好床位和药物。我住院半年，感到李医生对我就像家人一样，我这样没钱又没权的病人，有时心情还很急躁，他从未厌烦过。我观察他没有节假日，不是在病房，就是在实验室，有时连吃饭的时间都没有。听说有人做手术要送医生红包，但我从来也没想过要送红包给李医生，想送点土特产，他都一概拒绝。他是个教授，却非常平易近人。"涂阳杰说，有次化疗前他发高烧，李教授在床边陪伴他，亲自观察了一个多小时，让他很感动。"他给我讲病情时爱画图，讲话很有耐心，我没读多少书，但我对我的病很了解，至今我还收藏着他给我画的十多张草图。"涂阳杰说："现在我身体好了，这9年来，我始终怀着感恩的心在生活，每年我都要来武汉和李教授会会面，和他聊聊天，心情很舒坦。我只想发自肺腑地感谢他这位好医生。"

"每次咨询病情他从来不敷衍"

55岁的姜华先生家在武昌，是一家企业的高级管理人员。2009年初，他妻子查出卵巢癌，后来转移到直肠。当年底找到李雁教授。"当李雁教授告诉我们要做手术时，我夫人很担心很害怕。手术前，李教授给我们详细讲解了病情、他以往的治疗经验、手术会用什么方法，以及术中术后会出现什么情况，我们提出任何疑问，他都耐心地和我们仔细讨论，不懂的地方就画图解释。那些专业的医学知识，通过那些示意图和通俗易懂的语言讲出来，我们一下子就懂了。我们对手术的预后也有了自己清晰的判断，内心的恐惧没有了，我和夫人觉得都很坦然。"

姜先生说，让他们很感动的是，手术前一天的晚上，李教授专门到病房看望他的妻子，询问是否对手术还有不明白的地方，"这给了我们很大的安慰。我们咨询过有的医生，能听到一句回应就不错了，很难再听到第二句。每次咨询李教授，他从来不敷衍我们，还细心地给我们画图讲解病情。现在，我夫人身体情况稳定，我们觉得，认识李医生真好。"

"他的关怀短信让我们感动"

在中南医院肿瘤科病房，记者昨日见到了82岁的患者刘女士，刘女士1998年被查出盆腔癌。

老人的儿子，武汉理工大学宋老师说："我们10年前认识李教授，后来一直经他治疗。李教授医术高明，让我们很信服。除此外，让我们更佩服的是他的医德。他非常耐心，我们多次找他看病，他总是不厌其烦地给我们讲解，用图画来讲述是他的习惯。我还记得去年，我母亲复查发现肿瘤有转移迹象，李雁教授建议做一种介入治疗。我们开始很担心，怕治疗危险大。李教授就用简易的示意图说明介入治疗会怎样做，医生如何控制风险等，让我明白风险是可控的，也安抚了我的心情。后来母亲在81岁的高龄接受这种手术，术后，老人病情大为改善，解除了我们的后顾之忧，让我们对李雁教授的医德医术更加敬佩。"

最让宋先生感激的是，这十年来，母亲每次出院后，逢年过节，他们都会接到李教授的短信和电话，询问母亲病情及饮食情况，反复交代应注意的事项，"他心里记着病人，让我们很感动。"

【《楚天都市报》2014年4月12日，编辑：高翔】

七、画图医生病例档案映照医者仁心

25年来坚持为患者画图讲解病情，其中不少"病情草图"还被患者当成纪念品收藏，这些给患者画的草图，据粗略推算，李雁教授从医以来画了一万多张。

昨日，本报记者在继续深入采访李雁教授时，又有了"新发现"：除了给患者画的万余张草图，他自己还画了十几本病情分析图，记录了他接诊的一些典型病例，犹如一份厚重的"病例档案"。

每次重大手术前他习惯画图准备方案

记者看到，李雁在办公室里放着的"病例档案"共有11本，每本厚薄不等，上面画着人体胸腹部位的组织器官结构图，有1000多张，因为时间跨度久远，有些草图已经显得发黄。除了这11本，李雁说，还有三四本被学生拿去查阅去了。"这些草图，与我平时接诊病人时画的讲解图基本相同，但又有不一样的地方。"李雁介绍说，给患者讲解病情的草图，都是当着患者及家属的面，边讲边画，画完后都给了患者；他保存着的这些图，是在接诊特殊病人或者做重大手术前后，他抽空画的病情分析图，用来"备课"、分析和总结。"每做一个大手术，我都会在给病人手术前、手术后分别画1张示意图，记录下手术前的思路、手术中的发现和手术后的处理。这也都养成了习惯。""给患者画图，是为了讲解病情是让患者更清楚，我自己绘画并保存这些图，是为了记录典型病例、为较大的手术做准备及术后总结，帮助分析病情，提出对策。"李雁指着眼前厚厚的一摞图笑着说，这些图往往是在下班之后画的，时间相对充裕，所以画得要精细一点，"没有那么难看。"

第一张病情图保存至今已有25年

在这一摞的"病例档案"中，李雁找出了他从医后画的第一张病情分析图。

记者看到，这张图画的是腹部器官结构，重点突出了肠道、胃部等器官。李雁介绍，25年前，他从医第一年接诊了一名来自外省农村的大肠癌女患者，因为对方方言太重，听不懂普通话，且又不识字，双方交流十分困难。正当一筹莫展时，他突然想到办法，掏出纸笔画出病变部位和手术方案，没想到，这名患者很快就明白了。"通过接诊这名患者，我发现画图讲解病情效果不错。下班回家后，我把这位患者的病情，又重新画了一遍，自己保存了下来。"李雁介绍，眼前的"病例档案"，就是这样慢慢累积起来的。

记者翻看发现，一张日期为2010年10月26日的病情图，李雁共保存了8张。"因为这个病变部位比较复杂，所以术前、术后的情况，我就多画了几张保存下来。加上我当面给患者画的病情讲解图，这个病例我至少画了20张草图。"

李雁的老师是我国著名肿瘤外科专家、中国工程院院士汤钊猷。汤钊猷院士在教学、临床中喜欢板书、勾画解剖图，李雁在跟老师学习时，就习惯勾勾画画，没想到老师的这个习惯，被他一直沿用了下来。"每个医生都有各自与患者沟通的方法，无论是文字、语言还是画图，都能达到与患者沟通的效果。"不过李雁认为，他从医的肿瘤专业比较复杂，画图要比语言、文字更直观易懂。"我在腹膜癌上下的功夫比较大，但腹膜不像肝脏、心脏、肠胃等器官，腹膜的位置在哪里？很多人都不知道，你跟患者讲半天，还不如几笔画张草图更明了。"

画腹膜癌最多　手术患者创生存纪录

李雁画得最多的是腹膜癌病情分析图。他重点攻关腹膜癌这个临床重点难题，至今已有12个年头。他关注腹膜癌临床的核心问题：为什么发生腹膜癌？怎样能诊断得比较清楚？治疗如何取得实在的效果，而不总是被动应付？

2005年底，李雁接诊了53岁的腹膜癌患者王某，王某两年前被确诊为腹膜癌，由于癌细胞扩散到整个腹腔，李雁决定为他实施全腹膜切除加腹腔热灌洗化疗手术。

手术中，李雁先切除了受肿瘤侵犯的腹腔、盆腔腹膜等各个病灶，然后将化疗药物溶解在生理盐水中，并加热到43℃，形成高热化疗药物，注入腹腔内，对腹腔灌洗后，将药物灌满腹腔并浸泡1个半小时。

一张标注时间为2005年11月3日的病情图，记录了为王某进行的这次手术。

李雁介绍说，我国对腹膜转移癌多以全身化疗为主，但效果并不理想。而采取全腹膜切除加腹腔内热灌洗化疗技术，药效在高温下可提高50倍，可穿透并杀死癌细胞，使患者生存率大幅提高。

另一张标注时间为2008年5月9日的图中，李雁清晰地记录了王某手术3年后的病情复查结果：通过医院复查，医生没有发现王某肿瘤复发迹象。手术治疗后成活时间近3年，王某创造了当时国内最高纪录。

近12年来，李雁及其研究团队针对腹膜癌进行了系统研究，研究表明，采取综合性热灌注化疗，能使患者生存期显著延长60%以上。2011年，李雁教授这一项研究成果发表在国际知名的专业期刊《外科肿瘤学年鉴》上。

该团队目前已对130位腹膜转移癌患者实施了热灌注化疗。

日积月累画图保存　只为提供最佳治疗方案

"李教授耐心地给我画图讲解病情，对我们提出的疑问也都非常细心地回答。这位国内顶尖的肿瘤专家，没有一点架子，尽管很忙，他却愿意花时间与我们患者沟通。"昨日，躺在病床上的患者李莉（化名）感慨不已。李莉是北京人，2012年被查出阑尾腺癌后，她在网上搜遍了研究这种疾病的专家，发现武汉的李雁教授对这种疾病颇有研究，便和家人慕名来武汉找到李雁求诊。

李雁临床上主要从事胃肠道肿瘤、乳腺癌的手术及综合治疗，特别是腹腔内热灌注化疗治疗腹膜转移癌的新技术研究与应用。他的科研成果2004年获得湖北省科技进步二等奖，2006年获得国家科技进步一等奖。2008年，他摘取全球肿瘤学界最高奖项——美国临床肿瘤学会（ASCO）国际发展与教育奖，成为我省首位获此殊荣者。

"我在学术上取得了一点微不足道的成绩，与这些草图也有一定的关系。"李雁指着眼前的"病例档案"说，对于医生来说，疾病总是不断变化发展的，这就要求医生不断地总结，不断地提高。

"我给病人画图，是为了讲解病情，消除他们的恐惧；我自己画'病例档案'，是想找出疾病共性的规律。通过画图，能加深自己对病人情况的理解，手术前备课，手术后反思。每个病人的情况虽然都不一样，但总有一些共性，通过日积月累的画图分析，其中共性的规律就能慢慢体现出来，也能为病人提供最佳的治疗方案。"

记者在采访李雁的过程中，发现他除了习惯随身带着纸和笔，还经常随身带着一个笔记本电脑。打开笔记本电脑，里面保存着大量手术进程中的图片以及手术切除物的照片。李雁说，这些照片都是他拍的，都是为了记录病情，"拍下来之后，我还会用笔画出来，这样才能理解、记忆得更深入，用眼不如动手嘛。"

【《楚天都市报》2015 年 4 月 13 日，编辑：高翔】

八、"医生不能成为简单的看病机器"

武汉大学中南医院肿瘤二科专家李雁从医 25 年，坚持为患者画图讲解病情，他这份执着的背后，有着怎样的理由？遇到病人的不理解，他怎么看？他心目中的好医生是什么样的？他又是如何看待目前紧张的医患关系？昨日，记者与李雁教授进行了深入的对话。

图解病情能做到显而易见

记者（以下简称记）：从医 25 年来，你为什么一直坚持画图为病人讲解病情？

李雁（以下简称李）：汉语里有个词叫"显而易见"。但自己觉得显而易见能理解的东西，别人未必能理解。自己觉得理解得很到位的东西，别人的理解可能连皮毛都不及。

对于医学、肿瘤知识的理解，一个不是医科大学毕业的人，能达到一个医学博士理解程度的 1% 就不错了。

如果用一种很直观的、浅显易懂的方式，用最快的时间，让患者理解最多的有效信息，从 1% 上升到 30%，就能让他对自身疾病有一个基本理解，上升到 50% 就能有一个比较好的理解，就会对自己的治疗有一个相对合理的预期。

医生觉得显而易见的东西，也要让患者觉得显而易见，而不仅仅是医生说应该怎么办。为了这种显而易见，我结合自己从事的肿瘤专业比较复杂这个特点，选择了画图这种有效的沟通方式。

医生不应只是看病机器

记：现在的医生都特别忙，你对每个病人都画图讲解病情，且不止一两张，会不会耽误时间？

李（笑）：这个问题我想从两个方面回答。第一，现在专家、知名专家都很忙，是因为很多患者都来找你，他们花很多时间排队挂号、候诊，并不是迫不及待地让你立即给他开药、手术，而是想听听"大医院专家们"对他疾病靠谱的分析、判断。

第二个方面，你担心我给患者画图耽误看病时间。这种担心恰恰错了，我就是为了更直观、更简洁有效地与患者沟通病情，才会坚持画图。我画的都是草图，一边讲一边画，说完了也就画完了，不会因为画图耽误一分钟的时间，画图反而帮我节省了时间。

患者来看病，我也可以不跟他说那么多，有病我给他开药、有肿瘤我给他切除不就得了？但那样他的病就真的好了吗？他的恐惧，他的无措，他对后期治疗应注意的事情，都还一无所知，那他其实还"病"着。所以医生不能只是简单的看病机器。肿瘤发病的危险因素、癌症的预防和阻断，这些知识如果只有肿瘤学专家知道，那它仅仅是专家一个谋生的手段。癌症要防、要治，如果这些知识只放在专家的脑袋里，那么它对社会的贡献就微乎其微。

记：你觉得医患沟通也是对防癌知识的一种普及？

李：对，防癌治癌要走群众路线。这种知识要让普通患者、家属知道得越多越好。对我来说，工作中与患者及家属的交流就是一个最好的普及防癌知识的途径。

我们医生个人能力有局限性，我们的团体有局限性，整个肿瘤防治队伍有局限性。（画图讲解）这种方式一次讲给几个人听，日积月累的，就能突破这些局限。我不可能坚持每年去洪山广场做一次大规模防癌讲座，但我坚持跟患者讲解病情，一年下来，也许能达到这种效果。

医患沟通是治疗的关键

记：你反复谈到沟通，你认为沟通在医患关系中作用有多大？

李：肿瘤病人都会面临巨大的恐惧。恐惧的最大原因是无知。让患者或家属充分地知晓病情是很重要的，充分知晓后，95%的人都能正确、理性地看待疾病。

记得有位82岁的老爹爹，晚期胃癌。一来医院就嚷着要医生给他做手术。通过沟通讲解，让他理解了，先做了两个周期化疗，再做手术，效果就比较好。

所以，我一直坚持画图，就是为了让患者和家属对病情有全面、客观、准确的理解。他们的知情程度达到50%，他们和医生的大方向起码就一致了，余下的是一些细节的处理，就好办了。大方向不一致，问题就会越来越多，那样的话，医生为病人做得越多，病人的疑惑就越多，越容易导致医患矛盾和纠纷。

平常心对待患者的不解

记：遇到患者的不理解，你如何看待？

李：这种情况很常见。平常心对待，不强求每个人都能理解你。万一遇到这种情况，我不会和患者争执，但会建议他们去找更多的专家咨询，客观地看。

临床上，有30%的患者来看病时是抱着试试看、不太信任的心理来的。遇到这样的病人，医生要多花心思琢磨，根据他的职业、家族史、伴发疾病等，尽量全面地了解病情，再针对性地做重点的检查，而不是大撒网式地做检查。医生要站在病人的角度去思考问题。

医学是物理、化学、生物、社会、心理的综合。一个人生病了，除了疾病本身外，还伴随着心理状态和思想情绪的变化。实际上，病人从来不会因为长了一个包块来看病的，他一定是思想状态发生了变化，才会来看病的，他感觉到疼痛了，感觉到异常了，才会来看病。但病人的潜意识里，通常单纯地认为自己就是因为一个包块来就医的。所以，医患之间存在认识上的"鸿沟"，沟通是必需的。

从肿瘤专业发展史看，一代肿瘤医生在 30 年中所作的贡献，也不过是让患者生存期提高 20%。医学的进步水平和社会民众的期望值是有很大差距的，所以医患沟通非常重要。

好医生要有耐心和爱心

记：你心目中的好医生是怎样的？

李：医生要有人文素养。我对我带的研究生说，要对历史、文学、艺术、文化、西方科学史、心理学等都要加强学习。医生不能只有"知识"没有文化，只会写汉字不会说汉语，千万不要做精密的看病机器人。尤其是年轻医生，做一个过于精密的看病机器人就麻烦了。

记：你在忙碌的工作中是怎样加强人文修养的？

李：我平时读的东西都很枯燥，我喜欢读经典论文、经典作品，包括古典文学作品。我每天早晨 5 点半起床，阅读一个多小时。

医生在忙碌的工作中要保持对病人的耐心，要靠专业精神，靠人文素养。否则你难免出现情绪烦躁甚至难以自控的情况。医生不能只看疾病单纯的物理性表现，而是要看到这个物理表现带来的一系列的个体问题和相关的社会心理问题。

记：你觉得当好一个医生的基础是什么？

李：医生要有两颗心，一颗是耐心，一颗是爱心。

【《楚天都市报》2015 年 4 月 14 日，编辑：高翔】

九、一纸一笔医患情

人物名片：李雁，武汉大学中南医院肿瘤二科教授，美国《生物材料》杂志副主编；25 年坚持为病患画图解释病情以及手术思路达上万张，被称为"草图医生"、"手术速写师"。

绘图讲解，架起一座医患连心桥

"手术定在 24 日。您母亲的肿瘤已经蔓延到腹膜，在手术中要切除胃、腹膜处感染的部位……"22 日下午，李雁刚刚结束一台 5 小时的直肠癌手术，马不停蹄回到办公室。请来病人家属，李雁拿出纸笔画着人体结构草图，开始耐心"绘图讲解"。

一张纸一支笔，"边画边说"的习惯始于从医那年，至今已保持 25 年。

李雁的办公桌上，放着一堆 A4 大小的白纸，有的裁成两半。采访时，李雁总是习惯性地从白大褂里掏出笔，一边画一边向记者讲解，一如面对他的患者和家属。

26 岁的肖英，两年前查出卵巢癌，在武汉、北京接受过 3 次手术，切除了子宫、左附件，今年出现腹部大量积水。

李雁接诊后，发现肖英的肿瘤发生破溃，导致癌细胞向肝外腹膜、右膈肌、脾脏、肠系膜转移，手术极其复杂。术前，李雁一次次地画图，与肖英及其亲属沟通手术方案，争取病人配合。手术完成当天，凌晨 3 点，李雁不顾疲惫，再次为门口等候的肖英父亲画了一张图——肖英直肠连同膀胱腹膜切除后的肠道"改造"方案。至今，肖英的父亲还珍藏着这张草图。

李雁画的草图，简洁直观，六七十岁的老者、文化程度不高的病人都能看懂。"这个医生真不错！"洪湖 58 岁的涂师傅获得"第二次生命"后，9 年来一直感念着李雁的好。

医术精湛，为晚癌患者赢得生机

4 月初，34 岁的福建小伙尤青来到中南医院。他是一名腹膜癌患者，肿瘤扩散，遍布腹部。辗转各地，没有医院愿意收治。"做不做手术，已经没有意义"，"手术只是浪费钱"，尤青的家属听到的不外乎这些。

后经上海一位医生介绍，不甘被"宣判死刑"的尤青找到李雁。李雁仔细分析尤青的病情后，定下手术方案。

4 月 8 日，从早上 8 点到晚上 11 点，李雁为尤青清除腹腔黏液 4000 毫升，成功切除胆囊、脾脏、肝脏腹膜、右半结肠、直肠及膀胱腹膜等癌症部位。当晚，做完手术的李雁没有回家休息，而是在办公室和衣打盹，每隔两小时他就去重症病房观察一下尤青，就像是守护家人一样，直至天明。如今，尤青顺利出院，对李雁感激不尽。

李雁深知肿瘤患者对重生机会的渴求，每次手术都竭尽全力。

2007 年 8 月，病入膏肓的彭怀慕名而来。一直接受化疗的彭怀情况很糟，不能吃喝，腿肿胀。反复看彭怀的病检报告复印件，李雁怎么看都不像是"结肠癌"。果然，重新检查后，彭怀患的是结肠恶性淋巴瘤，属于淋巴癌。

李雁迅速为彭怀重新制订治疗方案。7 天后，彭怀下地，能吃能喝；12 天后，腿部消肿；20 天后，康复出院。如今，彭怀生活得很好，重新干起木匠老本行。

缘于信任，北京患者举家迁武汉

信任是人与人之间最美好的关系。凭着对李雁的信任，患有罕见恶性肿瘤的北京女士李莉做了一个大胆的决定。

两年前，36 岁的李莉确诊患有阑尾腺癌。在北京完成右半结肠切除术后，癌细胞还是疯狂地侵蚀了她的腹壁、盆腔、肺部。

经多方打听，家人得知李雁经验丰富，便给李雁发电子邮件咨询，很快得到回复——一张手画的草图，下面注明手术方案。

"我当时并没有想来武汉治疗，总感觉北京专家多，医疗条件更好。"李莉坦言。可到今年年初，李莉病情急剧恶化，只得靠打吗啡针止痛维持。

李莉想再做手术，但医生说不可行。万般痛苦中，李莉又想起了李雁。当李雁得知是一年前曾求助自己的李莉时，立即答应收治入院。

入院后的第 6 天，李雁为李莉成功切除所有病症部位，并保住肛门。李莉醒来后，得知自己不用做"造口人"，高兴得哭了。

出院后，李莉决定从北京搬到武汉，就在中南医院附近"扎根"。

医德是"根"，李雁用一张纸一支笔，表达了对患者知情权的尊重，消除了医患之间的猜忌和误解；医术是"根"，李雁用精湛的医术，守护着危重病人的生命之灯，叩开一扇信任之门。（文中患者均为化名）

【《湖北日报》2014 年 4 月 28 日，编辑：高翔】

十、中南医院李雁教授：长于治病　更精于救人

面对腹膜癌这一肿瘤界公认的"老大难"问题，他没有选择绕道而

行，经过十几年的努力，终于将患者的生存期平均延长了 60%。

他在与患者沟通的过程中从来不吝讲解，一边讲还一边画图以方便患者理解。从医 25 年来，他累计画出讲解病情和手术过程的草图超过 1 万张，被誉为"草图医师"。

他，就是武汉大学中南医院肿瘤科专家李雁教授。

"腹膜癌患者是一个很大的群体，我们不能一直束手无策，不能一直看着病人绝望下去。"

2014 年 4 月 11 日凌晨 3 时 30 分，李雁刚刚走出中南医院外科楼手术室。从前一天下午 3 时开始，他一直在抢救一位 26 岁的卵巢癌腹膜转移患者，回到办公室，他疲惫得瘫坐在椅子上。

看到尾随自己而来的患者父亲老夏，李雁拿出手机，点开刚刚在手术中拍下的影像记录，开始讲述手术情况："肿瘤转移到了肝膈肌、肠系膜，但已经被我们一颗颗全部切除，又进行了热灌注化疗……"

此前，老夏已经带着女儿跑了多家医院，做过 3 次手术，病情却始终没有好转，一家人心急如焚。就在经过这次治疗的 9 天以后，女儿出院了，至今恢复良好。

"腹膜癌一直是肿瘤治疗学中的'老大难'问题。'老'是指这个问题由来已久，'大'是指受危害的患者群体大，'难'是指一直缺乏满意的治疗措施。"李雁介绍，腹膜癌的典型代表是胃癌、结直肠癌、卵巢癌等肿瘤转移所形成的肿瘤。在我国，每年腹膜癌发病人群有 30 万~40 万。

由于腹膜癌治疗技术难度太大，在上个世纪，肿瘤学研究对这一领域往往选择绕道而行。但李雁却决定要攻一攻这个堡垒。"这是一个很大的患者群体，我们不能一直束手无策，不能一直看着病人绝望下去。肿瘤学界迟早要面对这个难题。"

李雁说，以往一旦肿瘤出现腹膜转移，大家就习惯于把它笼统地称为"癌症晚期"或"终末期"，实行姑息治疗。

"实际上，从腹膜癌发生到发展为终末期的过程中还有若干个关键点，如果找到这些关键点并且采取有效的干预措施，病人的生存期就能够大大延长。"李雁说，通过肿瘤细胞减灭术（CRS）加腹腔热灌注化疗（HIPEC），即先切除肉眼可见的病灶，再清除腹盆腔内的微转移癌和游离的癌细胞，使胃癌腹膜癌患者的平均生存期从 6.5 个月提高到 11 个月，结直肠癌腹膜癌患者的平均生存期从 8.5 个月提高到 13.7 个月。

2006 年，李雁的研究成果获得国家科技进步奖一等奖。2012 年，李雁在第八届国际腹膜表面肿瘤大会报告了临床研究结果，被国际同行称为"里程碑式的研究"。

在李雁的努力下，许多以往被肿瘤学界视为的手术禁忌被屡屡突破。

"医学的最终服务对象是人，我们采用的诊治方法要考虑到社会大众的普遍接受程度，让多数患者受益。"

"我们的任务是辨认出患者有没有出现腹膜癌的苗头，明确疾病的发展阶段，找到干预措施。但做到这些还不够。"李雁说，如果诊疗方法难度太大或者费用太高，就无法让多数患者受益。

"医学的最终服务对象是人。尤其在公立医疗机构，我们采用的诊断治疗方法更要考虑到社会大众的普遍接受程度，而不是瞄准高端人群。"李雁的理想是，寻找一些技术门槛和经济成本都不太高、易于推广普及的办法，把腹膜癌诊治这块坚冰打破。

功夫不负有心人。李雁和他的团队耗费 8 年时间，总结分析了上千例病例，最终探索出一个简单易行的诊断办法。"简单到什么程度呢？乡镇卫生院就可以做。"李雁说，12 种肿瘤标志物的检查被优化成 3 个指标，原来近千元的检查成本被降低到 240 元，诊断效率和准确度却大大提高。经过多年推广，这种做法已经被肿瘤学界认同。

李雁还研究改进了 CT 诊断技术，以求进一步详细评估肿瘤的发展阶段。"使用改进的方法，CT 检查费用总共只花 540 元，和花费 8000 元的 PET-CT 相比，大大减轻了患者的负担。"李雁说，用相对低廉的成本把肿瘤的具体发展状况了解透彻，可使接下来的治疗方案更有针对性。

方敏是李雁的博士研究生，在她看来，自己的导师是一个真正的转化医学推动者。"老师常常告诉我们，做好科研的前提是做好一名医生，这样才能基于临床需要做研究，缩短研究成果和临床应用之间的距离。"

"医学科研不能追求华而不实，而应该脚踏实地，强调以患者需求为中心，同时充分考虑到我们的国情现实。"李雁说。

"如果医生仅从临床医学出发，关注的就只是导致疾病的原因，而患者在遭受疾病折磨的同时，会产生很多心理问题。关注病灶是治病的前提，关注患者的感受和情绪，才能救人。"

这天上午，79 岁肠癌患者的两位家属到李雁的办公室进行术前谈话。李雁一边讲解，一边用笔勾勒出几张草图，详细描述了患者病情和手术过程。他在肠道部位标记了一个"100%"，告诉患者"手术虽无法保证100%成功，但成功几率很高，要有信心"。半小时的谈话在不知不觉中过去，原本紧张不安的家属露出了笑容。

"人们恐惧黑暗，是因为不知道黑暗中有什么。肿瘤患者也是如此。"李雁说，谈癌色变是公众的普遍心态。要让病人放下心理包袱，积极配合治疗，医患沟通必不可少。摸索多年，李雁发现，在跟患者和家属沟通中，画一张简洁易懂的示意图是最有效的方式。

"治疗之前要对每个病人讲清楚 3 个'W'，What Disease（什么病），What Stage（发展到什么阶段），What Treatment（如何治疗）。要告诉他们治疗能够得到什么好处，需要付出什么代价，承担哪些风险。"李雁说。

李雁说，医生如果把这些问题一一讲清楚，多数患者和他们的家人自然会对治疗结果有合理的预期。当感受到医生的细心和耐心时，无论从情感上还是从道理上，患者和家属都更容易与医生达成共识，事后发生医患纠纷的可能性将大大降低。

手术是个大工程，术后管理更是个大工程。中南医院肿瘤科医师杨肖军说，许多找到李雁的患者，之前已经做过多次手术，这就增加了再次手术的难度和风险。当患者出现术后不良反应时，李雁甚至推着患者去做检查。李雁认为，这不仅是为了及时掌握病情，更多是为了照顾患者心理层面的需求。

"长于治病者，却可能疏于救人。"李雁认为，如果医生仅从临床医学出发，关注的只是导致疾病的原因，而忽略了患者的心理问题。关注病灶是治病的前提，关注患者的感受和情绪，才能救人。

"一定要把病人叫到检查室来私下问诊，一定要亲自为病人听诊、量血压，一定要亲自与病人和家属做术前谈话。事必躬亲是我的习惯，更是出于我对治病救人的认识。"李雁说，患者在就医过程中感受到的暖意，除了来自医生高超的医术，一定还有医生的神态、言语所散发出的无形的东西，这就是修养和内涵，需要医生终身修炼。

"每次术前谈话、术后讨论都应该是一次小型的抗癌知识公开课，请尽可能多的病人亲友参加。日积月累，这些知识就会转化为他们在日常生活中的抗癌行动。"

付出大量的时间和心思耐心细致地与患者交流，不仅仅是为了让患者打消顾虑，安心接受治疗。事实上，李雁的心里还有本更细的账。

李雁告诉记者，在医生队伍中，肿瘤医生仅占 6.67%，而每年全国死亡人口的 30% 是死于癌症。"希望靠 6.67% 的人解决 30% 的死亡问题，是不切实际的。"

李雁说，癌症是一种"社会病"，发病原因和环境污染、生活方式、心理状况息息相关。而在癌症防治领域，社会公众和专家之间存在着严重的信息不对称。他常常把这样的观点传达给学生：医学精英要放下身段，自觉走近大众。如果只是用自己掌握的知识救治患者，那么知识就仅仅是一个谋生手段。要想真正作出社会贡献，还要走科普路线，通过每次和患者及家属的交流，把正确的知识传达给他们。

"我把每次术前谈话、术后讨论都当做一次小型的抗癌知识公开课，请尽可能多的病人亲友参加，让他们接受正确的抗癌知识。"李雁说，有时，患者的亲友会事先列好一个问题提纲，让他一一解答，最长的术前谈话竟持续了两三个小时。

"今天十几个人听，明天十几个人听，日积月累，这些知识就会转化为他们在日常生活中的抗癌行动。"李雁说，如果把大众掌握防癌知识正确率提升 10 个百分点，癌症发病率就一定会降下来。"我坚信，掌握正确防癌抗癌知识的社会大众，才是战胜癌魔的最强大力量。"

李雁与患者之间的沟通并不局限在医院里。在他的手机上，储存着每一位经他救治过的患者的电话号码，他坚持定期与这些患者联系，及时掌握他们的身体状况，为他们答疑解惑。

在中南医院肿瘤科病房，记者见到 82 岁的盆腔癌患者刘女士。老人的儿子说，母亲从 10 年前开始在李雁这里治疗，如今病情已经大为改善。最令他感激的是，这 10 年来，逢年过节，他们总会接到李雁的短信和电话，询问母亲病情和饮食情况，反复交代应注意的事项。"他惦记着病人，我们心中充满了感恩。"

【《健康报》2014 年 5 月 28 日报道，编辑：高翔】

十一、李雁获"人民好医生"称号

5 月 26 日，湖北省卫生计生委召开表彰大会，授予武汉大学中南医院肿瘤二科主任医师李雁同志"人民好医生"荣誉称号，并号召全省卫生计生系统广大医务人员向李雁学习（李雁相关事迹报道请见本报 5 月 27 日第 1 版）。

李雁现任武汉大学医学部肿瘤研究所所长、武汉大学中南医院肿瘤二科主任医师。从医 25 年来，他在临床医疗一线孜孜不倦、勤奋忘我地工作，每年主刀完成癌症手术上百台，以高超的医术解除患者的痛苦，赢得了患者的爱戴、同行的尊敬和社会的广泛赞誉，先后获得国家科技进步奖一等奖、教育部新世纪优秀人才奖等多项荣誉。他几十年如一日，秉承以患者为中心的理念，绘制一万余张病情草图和十几本病情分析图，用图画讲解的方式不厌其烦地与患者和家属沟通，被患者和家属亲切地称为"草图医师"。

湖北省卫生计生委号召全省卫生计生系统广大医务人员以李雁为榜样，立足岗位、志存高远、坚持为人民健康服务。学习李雁心系患者、服务人民的职业精神，始终做人民群众的贴心人；学习李雁耐心细致、矢志不渝的敬业精神，切实维护群众健康权益；学习李雁刻苦钻研、勇攀高峰的担当精神，争当全面深化改革的排头兵；学习李雁甘为人梯、育人育德的奉献精神，为培养合格的卫生计生人才贡献力量。

据悉，当日还举行了李雁同志先进事迹报告会。

【《健康报》2014 年 5 月 28 日，编辑：高翔】

十二、"草图医生"要将绘图进行到底

武汉大学中南医院"草图医生"李雁教授经本报报道后，其门诊受到了肿瘤患者的热捧，门诊量翻番。但李雁还是一笔一纸耐心为患者分析病

情，很少有病人因候诊时间过长而有牢骚。

昨天下午是李雁教授的知名专家门诊，也是他荣获湖北省"人民好医生"称号之后的首次专家门诊。刚看完病的吕先生告诉记者，李雁教授的事迹让他非常感动。他的母亲是位腹膜癌患者，此次特地请假带母亲从汉口来找李雁看病。李雁详细看了检查结果后，边画图边说病情已发展到哪一阶段了，治疗有哪些主要的方法，让母子俩十分放心。

李雁教授表示，门诊病人的大幅增加并不会改变他给病人画病情草图的习惯，给每位病人画草图的多少是根据病情的复杂程度和患者的理解程度来决定，他会尽量增加看病的时间，即使晚下班也要让每位患者得到满意的诊断。

【《楚天都市报》2014 年 5 月 29 日，编辑：高翔】

十三、愿这样的好医生越来越多

"人民好医生"应该是什么样子？武汉大学中南医院肿瘤二科医生李雁为我们树起了一个标杆。从医 25 年来，李雁用实际行动，诠释了医生如何做到永远把患者的需求摆在第一位。

做任何事都从患者需求出发，即使科研主攻方向的选择也不例外。挑战腹膜癌治疗这样的难题，可能成功，也很可能无功而返。但面对现实存在的庞大患者人群，李雁盯上了这块难啃的骨头，并全心投入，最终在对抗癌魔的征途上垒起了一个个坚实的台阶。他的初衷很单纯，就是忍受不了病人的痛苦和绝望，要想办法医治他们的病痛，让他们在绝望中看到希望。

解决看病难、看病贵，需要为病人的钱袋子着想。耗费 8 年时间，李雁将诊断腹膜癌的方法大大简化，在提高诊断精确度和诊断效率的同时，将诊断成本降为原来的 1/4。在李雁看来，这样的适宜性科研的价值丝毫不逊于"高精尖"研究。身为一名医生，李雁正是在以这种方式履行着医改主力军的责任。

要做一名好医生，仅仅会看病还不够。虽然精湛的医术可以治病，但对于患者心灵的关怀才能救人。李雁把"让患者取暖"视作医生的最高境界，也当做自己终生追求的理想。他画的一万多张示意病情和手术过程的草图，正是对自己这种理念的实践。为了能在更多层面上帮助患者，李雁在专业知识之外，涉猎了大量哲学、文学、心理学、社会学等相关知识。他总是强调，广大医生一定要意识到医疗能力的局限性，要用"治疗"和"科普"两条腿走路。要利用一切机会，把正确的防癌抗癌知识传播开来，在医治病人的同时教育病人和他们身边的人，让社会大众成为自己的健康守门人。

如何衡量医生的价值？时至今日，单纯以技术论英雄的评价标准已经被摒弃。国际上公认的"五星级"好医生标准是：有效的治疗者，有效的咨询者，有效的协调者，有效的健康管理者，有效的健康理财人。李雁，正是这样一位好医生。

"一个认真负责的医生，一个有公民意识的普通人。"这是李雁对自己的评价。他始终清醒地知道当代中国医生肩上的责任：为国民健康出力，为和谐医患添砖。愿这样的好医生越来越多。

【《健康报》2014 年 5 月 28 日，编辑：高翔】

第二节　媒体人评说

一、央视新闻频道《24 小时》栏目主播王宁

世上最遥远的距离不是相隔万里，而是我们面对面，却无法理解对方。这是医患双方最为尴尬的距离，而李雁教授把这种距离，缩短在一张一张的草图里。

二、《南方都市报》评论

李雁的难能可贵之处就在于，他通过这种孜孜不倦的绘图讲解，表达了对患者知情权的尊重，从而使医患之间不可能产生任何猜忌或误解，进而一道来对付共同的敌人——病魔。这样的良性沟通与合作，当然是共赢

的，令人愉快的。

三、《人民网》作者　毛开云

人之初，性本善。人心都是肉长的。倘若医方对患者多一些关爱和温馨，少一些傲慢和不耐烦；倘若患者对医方多一些信任和理解，少一些推测和猜疑，医患双方还会势不两立吗？而要做到这样，沟通是最重要的一环。

四、《荆楚网》作者　郭双年

画万余张草图讲解病情，是医生责任心的体现，也是对患者的尊重，连六旬老汉都能看懂的草图，可见李雁教授是多么的平易近人，工作中又是多么的尽职尽责。这和那些金口难开的医生形成天壤之别。

由此可以看出，高深的医学理论也可以走进寻常百姓家，有时不是患者听不明白，实是医生没有耐心讲解，所以，才会搬出一大堆专业术语唬人。

第三节　网友点赞

网友"紫翼"

我女儿每次生病我都会问，疾病是什么原因引起的？这样我才能更好地照顾好她。可是有些医生根本都不回答，直接叫你去拿药！像这样跟患者说明病因的医生太少见了。要是医生大部分都这样该多好。

网友"亦正亦邪"

中国需要这样的医生，说个实在话，患者大部分都挺有礼貌，一上去都是"你好"、"大夫"、"请问"这样开头，而好多医生别人多问了几句或者医生说的不是很明白想让医生再讲讲，医生就开始不耐烦了，难道患者想对自己的病情了解透一些有错吗？

网友"蓝色标记"

中国多一些这样有责任心有耐心的医生该多好啊。其实他也没做什么，只是尽到了一个医生该尽的职责，值得一赞。

网友"老^_ ^龘"

那年大冬天我做手术，一实习生把听诊器的听筒放在衣服口袋里捂热，别的医生连同教授都是把听诊器挂在外面，听筒冰冷冰冷的，而实习生的听筒却是热乎乎的……十五年了，虽然不知道你的名字，可我记得那热乎乎的听筒，温暖的双手，那一颗为别人着想的心。

第四部分　领导、专家对李雁教授的评价

一、湖北省卫生和计划生育委员会党组书记杨有旺

李雁同志的先进事迹生动感人、催人奋进，具有强烈的时代精神和现实意义，他是我省卫生计生工作者的楷模，我们卫生计生系统因有李雁同志这样的优秀医务人员而感到无比光荣和自豪。在李雁同志身上，体现了医者仁心，体现出了一个普通医务工作者对卫生计生事业的忠诚，对患者饱含的深情。

李雁同志所做的一切是那么的平凡而真挚，平凡见真情，平凡而美丽，平凡见精神，平凡而伟大，通过学习李雁同志的先进事迹，我们再一次感受到践行社会主义核心价值观的深刻要义，从身边的典型再次受到的教育，并从中得到五个方面的启示：

第一，践行核心价值观，信念坚定是根本。李雁同志几十年如一日的不凡业绩，展示了一个白衣战士最高的价值，证明了理念是人生之基，是理想之主。

第二，践行核心价值观，全心全意为人民服务是根本宗旨，李雁同志从医 25 年来，画万张病情草图，不厌其烦为患者讲解病情，是因为他心里装着病人和患者，心系人民的健康。

第三，践行核心价值观，率先垂范是关键。李雁同志攻克疑难病症，树立了标杆，体现了垂范，践行核心价值观就是要通过宣传模范作用才能使医务人员成为人们爱戴的健康守门人。

第四，践行核心价值观，崇尚医德是本色。尽心尽责是衡量医德医风最直接的标杆，如果我们都能够坚持做到像李雁教授这样，以病人为中心，真正抛开了个人切身利益，使医患双方信息对称，医生和患者能够很好交流，卫生计生系统的形象就会更好树立起来。敬畏生命，是我们卫生工作者应该做到的，践行社会主义核心价值观，崇尚医德是我们的本色，坚持为患者服务。

第五，践行核心价值观，清正廉洁是底线。李雁同志把生命大于天作为自己的人生信条，生动诠释了健康所系、性命向托的阵地，作为医务工作者只有守好自己的精神家园才能捍卫医学的神圣和尊严。

李雁教授是一名学者，是一个医务工作者，是教授，是所长，更是一名患者喜爱的医生。他在平凡的工作岗位上创造了不平凡的业绩，是卫生计生系统深入学习十八大和深入贯彻是十八届三中全会精神，加强精神文明和和谐社会建设涌现出来的典型，是社会主义核心价值观的优秀践行者，是医务工作者仁义大爱精神的先进代表。

全省卫生计生系统要认真学习领会李雁同志先进事迹的深刻内涵，要与大力培育社会主义核心价值观紧密结合起来，要与党的群众路线教育实践活动紧密结合起来，要与开展学习焦裕禄争做好干部活动紧密结合起来，要与全面深化医改紧密结合起来。要通过学习活动的开展，切实将李雁同志先进事迹的精髓领会在头脑里，落实到岗位上，体现在工作中，转化为我们立足本职、精益求精、争创一流的实际行动，转化为救死扶伤、爱岗敬业、文明行医的内生动力，使每一名医疗卫生计生工作者都从中受到教育和鼓舞，为深化医药卫生体制改革、调整完善生育政策，服务全省经济社会发展做出我们新的更大的贡献！

二、湖北省精神文明委员会办公室主任胡和平

培育践行社会主义核心价值观有两个层面，第一个层面是认知认同，要认知认同 24 个字；第二个层面就是要创造荣誉的载体，落细落实落地。而这两个层面的落实有两个基本途径，一个途径是树标杆，树典型，让大家学有标杆，知道怎么去做，更重要的一个途径是顶层设计，从制度层面

解决问题。

我认为李雁教授给我们最大的启示和给我们最好的亮点就是爱岗敬业，就是要立足你的岗位把你的事情做到极致，这就是他给我们最大的启示，这就是 24 个字里个人层面的最精髓的，核心价值观就是这个。

爱国、敬业、诚信、友善，首先是敬业。怎么才能敬业？爱岗敬业，这是每个岗位最基本的规范和要求，但是对于医生来讲是最特殊的要求，因为这个职业太神圣了，不是一个普通的职业。我认为医生是最神圣的职业，它涉及生命、涉及健康，而且是涉及别人的生命健康，而医患关系是最复杂的关系。恰好医疗就是目前四大民生之一，教育、医疗、住房、公共文化服务，这是现在目前大家最最关心的四大民生问题，而很多医患矛盾，包括伤医事件等是由于医疗的从业标准过低，这当然不是我们解决的问题，这是国家层面的问题。国外对医生这个职业是非常苛刻的，从医标准很高，但是我们很多要靠教育，靠个人的品德来解决医生的从业质量问题，这是很可怕的事情。一方面我们要树标杆，另外一方面我们要从制度层面解决问题，这个是任重而道远的。

第二，责任心。要爱岗敬业，没有强烈的责任心就不可能把自己的本职工作做到极致，责任心就是对职业的敬畏，把这个事情交给你，而且是一个萝卜一个坑，你在这个岗位上就是垄断性的，人家不能来这个位置，你在这个位置上就要尽到自己的责任，把这个职责履行到位，特别是医生，稍微有一点点疏忽就会出大问题。有善良，有责任心，这两者用起来，他的服务态度一定会很好，一定会像李雁教授这样，生怕病人受到委屈，把所有的事情都处理好，哪怕自己作出最大的牺牲，哪怕是医生这个职业不是 100% 能够把所有的问题都解决好，可能因为病人的病情无法用现代的医学水平挽救生命，最后还是走了，在这种情况下，你们要相信病人以及病人家属是通情达理的，他们会很好地降低一些医患矛盾，如果是医院尽了最大努力，医生尽了最大努力，实在是无法挽回，就不会跟医院里闹。当然也有极个别的，有人请一些人故意敲诈医院，这种情况也有，但是也可以大大降低医患矛盾。

第三，担当。我仔细看了一下李雁教授的事迹，他是有担当的，很多患者是连转了几个医院，最后到他这里来，病情恶化了，但是他收留了病人，没有把患者往外推，没有说找别的医院，他一定是先收治，然后非常认真的诊断。为什么他敢这么去做呢？医术是非常重要的基础，他相信这个病还是有办法治疗的，作为医院来讲不能够拒病人于门外，他有担当精神。有了这三种精神，爱岗敬业是可以做到位的，当然有人会说是不是把李雁教授的思想境界降低了，如果是每个人都是真正立足自己的本职工作，做到极致，就是在平凡中见伟大，这就是一种了不起的境界，就是一种品德，而这恰恰是我们很多同志应该去往这方面做和想的，大家都这么做的话，如果每个岗位上的人都像李雁教授这么去做的话，我们的社会肯定是和谐的。现在就是很多人没有在自己的岗位上尽到职责，这是一个非常高的要求，如果是这样的话，社会主义核心价值观至少在个人层面就基本解决了。

三、武汉市卫生计生委巡视员吴克敏

我感觉李雁教授事迹的精髓是两句话，一个是高尚的医德立身，第二个是精湛的医术济世，这两句话能够高度概括李雁同志的先进事迹。

我作为一个患者多次到医院看病，作为一个患者想解决什么问题呢，无非是三个诉求，一个是要有好的服务，第二个是能够治病和解决问题，第三个是要有一个合理的价格。作为这三种诉求，体现在李雁同志身上，我觉得都完美地做到了。现在作为一个病人到医院来，特别是找大教授看病，患者很多，在这种情况下李雁同志能够耐心细致跟大家分析病情，画草图，而且术后跟病人取得联系，这种精神相当不简单，李雁教授能够耐心细致地跟病人沟通，交流，解释，画草图，这种优质的服务态度赢得了病人的信赖。第二个是治病解决问题，李雁教授的医术非常高明，作为癌症的外科手术专家，解决了很多疑难问题，很多是定了性的病，在他这里起死回生。第三个是合理的价格，这也是我们当前看病难、看病贵的问题，有好多人是看不起病，特别是看不起大病，作为一个癌症患者，要治疗起来的价格是说不清楚的，在这种情况之下，李雁教授主动为患者当参谋，能够小治的，能够比较低的合理的价格解决问题的，比如介入手术，也能解决问题，别人也接受了，特别是拒收红包，作为医德医风建设当中这是一个很重要的问题，他体现得很好。作为服务来讲，医患关系、医患矛盾当前是社会上炒得比较热的，也是广大群众比较关注的问题，他的医患关系处理得相当好。第二个体会，作为李雁主要事迹精髓都深深体现了社会主义核心价值观，社会主义核心价值观分三个层面，24个字，作为公民这个层面来讲，8个字，爱岗敬业、诚信友善，作为公民这八个字在医务人员身上能够这样完美地体现，李雁教授做到了，爱岗，在这个岗位上兢兢业业地工作了几十年，勤奋学习，努力钻研医术，培养学生，服务病人。敬业，每一个病历认真地研究，查案例，拿出治疗方案，甚至一个手术做十几个小时，出来之后低血糖发作了，非常辛苦，患者看了非常感动。诚信，作为一个医护人员，最起码的是诚信，现在一个患者到医院来就是怕医生夸大，不能实事求是介绍病情，或者是没有时间，应付了事，简单敷衍。友善，把病人当做亲人，把病人当做朋友，当做自己的家人一样对待。作为社会主义核心价值观在李雁同志身上体现得非常好。

四、武汉大学马克思主义学院、博士生导师孙来斌

了解到李雁教授的有关事迹，为中南医院有这么好的医生感到高兴，为武汉大学有这么好的教授和同事感到高兴。

我感觉到李雁教授以精湛的医术，优良的医德生动形象地演绎了社会主义核心价值观，正好体现了在落细落小落实上下功夫的要求，他的工作很平常，但是作出了不平常的业绩，如果对照社会主义核心价值观，李雁教授在三个词方面体现得尤为突出，其一就是敬业，他在临床科研上的不懈努力，他在教学方面对学生的一系列要求，言传身教，他的职业治病救人方面的精神，体现了社会主义核心价值观对个人层面要求的第二个方面，就是敬业；其二就是诚信，医患关系紧张很大的缺失和中间层次的原因就是缺少信任，他采取的病前谈话，治病当中的画图，过后又交流，我觉得建立了一种比较诚信的医患关系，增进了病人对医生的理解；其三就是友善，农村来的，很关心人家，看不起病，用什么药，过后跟人家打电话联系，某种意义上由于在医学知识上的运用，医患的认知差距，一般的病人进了医院确实有点怕，医生如果板起面孔，确实就是权威，不仅是别

的病人怕，我们没有这方面的专业知识，就是拔牙也很怕，而他很友善。正是因为他敬业、诚信、友善，也很生动形象地符合了和谐的要求，国家层面的要求，根据我对医患关系提倡的指导合作，更提倡共同参与的医患关系，由于他采取了各种各样的办法，在治病过程当中跟病人有效进行沟通，把医学知识大众化，过后跟踪进行研究，正是因为如此，他建立了一种比较和谐的指导合作共同参与的医患关系。

我对李雁教授表示由衷的敬佩，我今后在自己的专业研究、教学工作方面也要好好向这位好同事、好医生学习。

五、湖北省社会科学研究院研究员、湖北省委决策支持顾问冯桂林教授

为什么李雁医生的事迹在这么短的时间在全国影响非常大，这与他的非常细腻感人的事迹和敬业情操密不可分。他的模范事迹和行动是对我们全国学习培育践行社会主义核心价值观的最好的诠释，同时也是对中南医院的"大医精诚、敬畏生命"的院训的最好践行。

我首先谈谈李雁教授事迹的特点，他 25 年坚持不懈，万张草图绘制了一个人生的画卷，归纳梳理他的事迹，形成了三条主线，成就了时代特色的人生平台。草图使他把患者跟医生的关系融合融洽到了一起，这张草图化解了患者的疑心。对李雁教授自己来说，这张草图体现了三心，敬业者的细心，职业者的专心，执著者的恒心。如果他不敬业就不会这么细致，细节决定成败，他能够有今天 25 年如一日走过来，就是细心在他的人生历程上起到非常重要的作用。最后一点是执著者的诚信，25 年如一日，一直用这张草图沟通与患者的心灵融合和交流，化解以南，帮助患者树立信心。他走出一条业界钦佩的行医之路。

对于社会，他的事迹也有三心构成维度，这张草图给我们的启示，第一是富有耐心，对待很多千奇百怪的患者，我也是患者，其实患者有各种各样的想法，或者是性格，脾气等，医生有时候也不好招呼，所以要有耐心。第二是爱心，在耐心的基础之上应该是一种爱心，爱心是为耐心提供动力和强力支持的。第三个就是要有大医仁心，从爱的奉献到仁心的最高

境界，这是一个递进，是一种情操的展示，这三心对于整个社会和医学界的展示的耐心、爱心和仁心，最为本质的境界，也是社会最为本质的对于医疗工作者的诉求，也是医务工作者最为持久的思想源泉。

意义和启发。第一，他的事迹坚守了一条基本规则，就是要尊重患者，如果没有尊重，他就不会有为患者着想的草图创举，他对患者的住院期间的各种形式的帮助，等等细节，都可以看到他尊重患者的足迹，这种尊重是最重要的妙药良方，现在有很多医患矛盾其实都源于从医院方角度来反思，其实在本质上是一种不尊重，或者患者对医生不尊重，由于彼此的不尊重导致了医患矛盾不断冲突和冲击，现在的路线教育就是要求各级公仆要尊重民众，尊重大众，从医院来说，李雁的事迹是尊崇了这样一种尊重大众的根本规律。第二，构建了一条重要路径。我们要尊重患者，这是规则，不能违背的，怎么尊重呢？他的事迹为我们设计了一条路径，就是要以一种符合专业特长的，要有一种比较恰当的方式和方法，就是他的沟通，为了这个沟通，他开始了25年之久的画图之路，他的这张草图画了上万张，化解了众多疑惑，从疑心变安心，从安心变信心，这条路的探索是非常成功的，这条路对别的科室和其他的医护人员非常有借鉴意义，这条路对全社会都是有参考价值的，因为他给我们提供了保护人民健康水平的有效路径。第三，揭示了一条根本道理。就是在于医德要有仁心，有了仁心才有大爱，有了大爱才有医德，有了医德才有人类保护神的美誉。有敬仁心、树仁心的境界理念才能够重塑时代医者的形象。

李雁医生的名字起得很好，希望你成为领头之雁，能够重塑我们时代的良好的医风，带出一大批非常优秀出色的医护人员，愿你的事迹在更大范围内，更深广度上光耀荆楚，传向大江南北。

六、湖北日报传媒集团副总编赵洪松

李雁教授从医25年来坚持画图讲解病情，用爱心温暖了无数患者，非常难能可贵，他的事迹由楚天都市报率先报道以后引起了多家主流媒体的持续聚焦和关注，从读者到患者，到网友，好评如潮。

医德乃大医之魂，医术乃医者之本，在医患关系日益紧张的当下李雁教授用对工作热爱和患者的责任完美诠释了大医精神寄托生命的核心主题，随着人民群众生活水平的提高，大家对健康的关注和需求达到了前所未有的高度，尽管武汉市医疗资源非常丰富，医疗技术在全国占据领先地位，但是医疗服务水平和老百姓日益增长的健康需求还存在着相当的差距，医患矛盾依然存在而且日益突出，近年来屡屡发生的伤医事件更成为社会关注的焦点，面对这一现状我们需要搭建沟通的桥梁，帮助医患双方设身处地为对方着想，在医患交往过程中医生通常处于主导地位，有时候患者等几个小时看医生几分钟的情况十分常见，在这种情况下李雁教授不仅细心地讲解病情，还习惯性地动手边讲边画，让沟通更加直观和高效，如果患者看病的时候都是这样爱心细致和负责任的医生，医患关系还会那么紧张吗？患者的性命所托，百姓的健康所系，李雁教授用他的爱心和耐心赢得了患者的信任和尊重。

手术速写师的称号是百姓给他的最高褒奖，这也充分告诉我们良好的沟通对于构建互信互爱互敬的医患关系是一剂良药，医患之间只要坦诚相待，真诚沟通，就一定能够更好地对付共同的敌人病魔，楚天都市报和湖北日报深度挖掘报道了李雁教授的事迹，切合当前社会热点，作为党报传媒集团，作为责任媒体，我们还将继续关注李雁教授的感人事迹，传播正能量，呼吁全社会关注医疗事业，重视医疗沟通，为构建和谐的医患关系尽一份媒体的力量。

第五部分 社会对李雁教授的评价

第一节 病人心目中的李雁教授

一、李雁教授给了我第二次生命

我叫代凤兰，家住湖北省仙桃市彭场镇友谊路 1 号。2006 年 3 月 2 日，在中南医院肿瘤科，接受腹膜癌（胃癌）手术后，至今 9 年了，像我这样的病人，在我之前 7 年是国内最长生存的纪录，我想这个纪录必将不断被我刷新，我准备力保 90 岁，争取 100 岁，凭我现在的身体状况，创造存活最长纪录没问题。

我是一个普通的下岗女工，2006 年得病后，尤其是手术后的第五天，我知道病情后，我经历了一个从恐惧，敏感，绝望到配合，求生，自信，坚强的过程，回想起走过的 3000 多个日日夜夜，在与癌症抗争的过程中，我享受着第二次生命（再生）的喜悦，我甚至觉得我是一个成功者。但是这一切的一切，都是因为我遇到了我一生中的贵人：人民的好医生，我的神医生，中南医院肿瘤科的李雁教授。

9 年来，李教授总是微笑着对我说："没事，没事的"，他和蔼的态度给了我抗癌的信心和克服一切困难的勇气。我手术后六次化疗，李博士根据我的家庭情况，只是开了几瓶扶正胶囊，告诉了我一个非常有效的土方子。我每年复查时，对我提的问题，李博士都会认真解答，让我心里很踏实地回家调养。而且每年至少主动打二次电话询问我的病情，让我感到非常温暖。

我第六次化疗完后，检查结果还没有出来我就回家了，而 CT 结果显示盆腔有个阴影，李博士立马通知我的家人，让我马上赶到中南医院。李博士亲自到 B 超室，研究判断为盆腔阴影是小囊肿，安慰我说："放心吧，没事的。"这六个字让我和家人一次一次放下心来，一次次感动着，一次次温暖着。

李博士这种视病人如亲人，对病人高度负责的崇高的品德，让我放松心情度过了那些日子。

在治疗方案上，术前李博士详细了解病史，给我的家人画图讲解手术方案，术中采取加热灌注化疗，预置营养通道，在转移的脏器里清扫了十几个淋巴结。术后采取中医辅助治疗（扶正胶囊）土方子巩固疗效，我是一个 C3 的中晚期癌症病人，今天能精神抖擞和大家见面是李教授多年精心治疗的成果。我能够遇到这样一个医德上乘，医术高超的医生，真是我不幸中的万幸。

当初我家人为了对李博士表示感谢，就封了一个红包送给他，他当即拒绝。我的第二次生命是中南医院给的，我要感恩，我要回报社会。如有机会我愿到中南医院来义务帮助那些走在康复路上的人。

【作者：湖北省仙桃市彭场镇代凤兰；编辑：高翔】

二、我在中南医院医治腹部疾患的几点体会与感想

我是一位有高血压和老慢支的 81 岁高龄患者，由于腹部积水严重而又病因不明，住进了中南医院肿瘤科 18 楼 16 床。该科著名专家李雁教授根据以前检查的资料明确诊断：必须做腹部大手术。手术于 2015 年元月 20 日上午开始，连续进行了约 10 个小时的解剖除患，手术非常成功！

术后，在医院的重症监护病房治疗 13 天，我即回家疗养。现在体征一直正常，伤口愈合良好，体质日渐增强，精神也很愉悦，步履比术前大大轻盈，现在每天还能步行一至二公里作康复锻炼。

我之所以恢复较好较快，我体会主要得益于以下几点：

手术非常顺利、成功。术前，李教授对所有体检资料作了认真仔细的分析论证并以他高超的技术和丰富的临床经验，设计了最佳实施方案，所以术中能得心应手、从容不迫地清除腹内的各个疾患。

术前的其他工作也做得非常细致认真。除亲自给我进行心理抚慰和鼓励，使我消除恐惧和疑问，还专门安排座谈会向我的亲属交底，征求意见，沟通思想，统一认识，避免不必要的误会，做到了医、患、亲人三方面的紧密配合，强调并重视术后的护理。李教授在百忙中亲自临床指导护理，安排他领导下的孙建华、张建等医师，经常到病房巡视我的伤病情况，如一有起伏变化，便及时采取相应措施，保证体征稳定如常。即使回家疗养，李教授还口授有助于促进康复的流质、半流质食谱及各种禁忌，可谓关怀备至、体贴入微。

此外，以钟君护士长为首的病房科学管理和近乎完美无缺的服务，对我的病情稳定和康复也起到了良好的作用。

最后，我要感谢以李教授为首的诸位医师，使我老来又获得一个健康益寿的身体；我对你们为患者倾心无私、拒收任何红包的高尚医德医风感到由衷的敬佩！

【作者：中南医院肿瘤科 18 楼 16 床住院患者董道静写于 2015 年 2 月 14 日；编辑：方世平】

三、李雁教授给了我女儿第二次生命

我们是慕名而来的北京患者，女儿王欢患阑尾腺癌近两年，在北京已经过手术、化疗、放疗、粒子置入等多种治疗。近半年来，病情发展很快，又一次化疗后复查结果表示已无效果。二个月前，患者已不能进食进水，只能以输液维持，同时疼痛加剧，疼痛周期加长，频率提高，每天需要用三针吗啡止痛。在此情况下，北京肿瘤医院专家建议原治疗单位北京人民医院对患者进行第二次手术治疗。但患者肿瘤分布也很复杂，从 CT 结果和病理化验结果看，盆腔内一肿瘤直径约十几厘米，大小肠等多脏器均覆有许多大小不一的肿瘤状物；另外还有一个由最早阑尾切除手术留下的腹壁引流口部位形成的肿瘤，根部已深入腹腔，顶部则已穿透腹壁，在体表外隆起，接受这样的手术，主治医生露出明显的畏难态度。

上海一朋友介绍了武汉大学中南医院李雁教授。当即我们就带着病历和影像资料直飞武汉与李雁教授见面（当时我女儿还在北京急诊室输液）。李雁教授看过我女儿的资料并通过电话与我的女儿沟通后，当即初步决定手术方案，并画图向我们家人解释了他的手术构想。

李雁教授让我们提前三天通知患者抵达武汉的时间，他设法挤出一个床位接待。这样，我的女儿在北京住院调理几天后，飞抵武汉。李雁教授亲自接诊我女儿，并直接安排我的女儿住进武汉大学中南医院肿瘤二科。进行了必要的检查后，即刻安排我女儿的手术。

我女儿的手术从早上开始，持续了十七个小时，深夜才结束。术后，李雁医生告诉我们，因考虑到患者年轻，手术康复以后，也许还要工作，为了方便患者将来的生活和工作，临时改变了手术方案，没有进行造瘘方案，而是做了保肛手术治疗。李雁教授这种从病人角度考虑，并最大程度考虑患者利益，尊重患者意愿，为患者着想的高尚医德，使我们十分感动和敬佩！

现在，我女儿术后恢复情况良好，已能进食进水、下地行走。经过 CT 检查，大小肠复位情况基本正常，腹腔盆腔内非常干净，未见肿瘤状物存在，指标已恢复正常。

我们一家人非常感谢李雁教授给了我女儿王欢第二次生命！

（题目系编辑加上，文字做了适当修改）

【作者：北京患者王欢的父亲写于 2014 年 3 月；编辑：方世平】

四、病人感谢信、锦旗摘录

1. 患者肖树桐的女儿来信说，我父亲因横结肠癌入住贵院腹部肿瘤科，已做了结肠切除手术，现已基本康复，准备出院。在住院期间，得到了该科医护人员的精心救治和照顾。感谢主管医生李雁教授，其主刀的手术做得非常成功，极大地减轻了父亲的痛苦。术后，李教授对父亲的康复也进行了积极有利的治疗，有时还在休息日前来密切关注父亲的病情。

——2013 年 1 月 10 日武汉大学中南医院肿瘤二科 25 床患者出院后，

其女儿来信摘录

2. 肿瘤科李雁教授：医术高明　医德高尚

　　——2014 年 1 月武昌区凤凰街患者刘爱姣送来锦旗称赞李雁教授

3. 肿瘤科李雁教授：医德高尚　医术精湛

　　——2014 年 2 月肿瘤科病人曾红燕出院后送来锦旗写道

4. 肿瘤科李雁教授：医术高超　医德高尚

　　——2014 年 4 月武汉市江岸区矿场病人王松林送来锦旗写道

5. 肿瘤二科李雁教授：医术高明见奇效　医德高尚口碑好

　　——2014 年 5 月湖北省荆州市沙市区病人陈双贵送来锦旗称赞李雁教授

6. 肿瘤二科李雁教授：妙手回春　医德高尚

　　——2014 年 10 月武汉市武昌区秦园路病人万巧荣送来锦旗称赞道

7. 肿瘤科李雁教授：医术精湛　医德高尚

　　——2015 年 1 月湖北省武汉市江汉区万松园小区病人徐红送来锦旗称赞道

8. 肿瘤二科李雁教授：病魔面前的斗士　患者心中的亲人

　　——2015 年 1 月湖北省襄阳市樊城区中原路病人高云琦送来锦旗称赞道

9. 肿瘤科李雁教授：技术精湛　医德高尚

　　——2015 年 2 月武汉市武昌区首义路街病人李丰年送来锦旗称赞道

10. 肿瘤二科李雁教授：查房细致，对病人认真负责，关心关爱

　　——2015 年 3 月肿瘤二病区 16 床患者对李雁教授称赞道

第二节　医务人员眼中的李雁教授

一、医师眼中的李雁教授

1. 我的同事——李雁医生

李雁教授是一名优秀的临床医师，作为肿瘤科的科主任，我与李雁教授每天朝夕相处，在工作中就患者的病情和学术问题与他经常进行深入的

探讨。他非常敬业，工作严谨，对他的每一名患者都精心治疗，耐心解答，以画解剖草图的形式与患者及其家属进行有效沟通，使患者配合治疗。他工作勤奋，从来都是早出晚归，科室就是他的家，他始终坚持一切为了病人、为了一切病人、为了病人一切，保持谦虚谨慎的工作作风，不管是酷暑严寒还是白天黑夜，不管是逢年过节还是生病不适，只要病人需要或同行召唤他就随叫随到。加班加点是他工作的常态，也因此十多年来他难得回家看看父母，难得回家吃个团年饭，总是以工作为重，对工作始终保持着极高的工作热情。

李雁教授是一名优秀的临床医师，他带出的学生发表文章质量很高；作为学科带头人，他有着许多出色的科研成果；他经常做手术做得很晚，即使这样，他还会到实验室去继续工作，这些成果的背后都是他付出的辛勤汗水。

生活中他更是热心帮助他人、为人随和。正是因为他一直坚守在工作岗位上兢兢业业、默默奉献，做着看似平凡实则高尚的治病救人之事，也正是如此，才成就了他如今速写医师的美誉。

于无声处听惊雷，这就是我眼中的李雁教授。同事们眼中平凡朴实热心幽默的他，患者心中医德高尚医术精湛的他，学生心中关爱细心、乐于指导的他。这些他汇聚一身，才是一个有血有肉值得尊敬的李雁教授。

他是一个在地窖中勤劳织布的好医生；毕淑敏在《红处方》后记中写道：地窖里土气潮湿，布丝不易断，织出的布才平整。人心绪不一样，手下的劲道也是不同的。气力有大小，布的松紧也就不相同。人若是能坚持一天不说话，心里的那口气是饱满均匀的，绵绵长长地吐出来，织的布才会像潭水一般光滑。

春播桃李三千圃，秋来硕果满神州。做医生也是一样，一分耕耘才有一分收获，只有沉下心来勤奋实践，用心来感知患者的病痛并孜孜不倦地提高技术水平，才能成就大医精诚。

从李雁教授身上，我们看到了一名医务工作者对于自身的严格要求和对于他人的无私奉献，而所有这些，一定都来自于他心中对于工作的无限热爱和对于患者病痛的无比同情。李雁教授仍然不知疲倦地行走在追求事业的道路上，每天三点一线的生活于他来讲是接触患者病痛最佳的讲台。

我相信李雁教授也会在将来的某一天取得更大更优异的成就，为患者健康祛病除痛，为医院发展添砖加瓦。让我们携手以李雁教授为榜样，努力写就中南医院未来的辉煌篇章。

【作者：武汉大学中南医院肿瘤科主任熊斌教授；编辑：周春华】

2. 医患沟通的一条路径

近年来，医患之间因沟通不畅导致的矛盾甚至冲突时有发生，其中部分导火索，就是医生对患者缺乏耐心，让本就饱受病痛折磨的患者，心理上承受的压力与恐慌难以缓解，从而引发不必要的误会。在一线临床工作中，诊治疾病的第一步便是与病人达到良好的医患沟通。

湖北省"人民好医生"李雁教授为我们找到了一条医患沟通的路径。他是我院肿瘤科主任医师，从医25年来，始终坚持在临床医疗一线，孜孜不倦、勤奋忘我工作，以高超的医术解除患者的痛苦，赢得了患者的爱戴、同行的尊敬和社会的广泛赞誉；他视病人如亲人，为了帮助患者理解病情，总是随手带着纸笔，一边讲一边画，累计画了万余张草图，用图画讲解的方式不厌其烦地与患者和家属沟通，让患者看得懂、用得上，化繁为简、变专业为浅显，一张张草图，架起一座座医患连心桥。他医术精湛，坚持不懈寻找与癌症抗争的科学真谛，为许多重症癌转移患者赢得生机。

"天下难事必作于易，天下大事必作于细。"他没有惊天动地的壮举，却用几十年如一日的奉献，诠释了他对医疗事业的执著与热爱和医生的高尚医德与优秀素养。他用平凡的行动诠释了当今医生的职业定位和职业追求，体现出了一名优秀医生献身医疗事业的高尚道德情操与人生价值。

李雁教授耐心细致给病人讲解，画示意图，让病人享受充分的知情权，是同行们学习的榜样。李雁用善良之心、责任之心、担心之心阐释爱岗敬业的社会主义核心价值观，如果每个人都真正立足自己的本职工作，做到极致，就是在平凡中见伟大。大医精诚、救死扶伤是卫生系统核心价值观最集中的体现。

李雁教授与患者良好沟通的技巧融入他的"草图医生"称号、出色的医疗技术、真心为病人考虑的每句话和每一个行为中。作为医务工作者，我们应该像李雁教授那样，做到信念坚定是根本，全心全意为人民服务是宗旨，崇尚医德是本色，清正廉洁是底线。他用爱心和耐心营造和谐医患关系，展现了新时期医者的崇高风范，广大医务人员要以李雁教授为榜样，学习他心系患者、服务人民的职业精神，始终做人民群众的贴心人；要学习他耐心细致、矢志不渝的敬业精神，切实维护和实现好群众健康权益。

【作者：武汉大学中南医院综合六科副主任医师叶旭军博士；编辑：方世平】

3. 用心——治病救人

武汉大学中南医院李雁教授的事迹被广泛报道后，很多人都表达了对李雁教授仁心仁术的感悟。虽然如今和李雁教授在同一个科室共事，但作为李雁教授曾经的学生，我想说无论我毕业多久，李雁教授的医术、医德永远都值得我学习。

从 2007 年 11 月确定保送为李雁教授的研究生开始，我已经跟着李雁教授学习了 6 年半，对我而言，李雁教授最值得称颂的并不仅仅是近来大家听得最多的"手术速写师"事例，而是其对患者认真负责，用心治病的大医精神。

在病房，李雁教授都是以身作则，每天 7 点半之前到病房查看病历、检查结果，严格要求临床病历的书写和整理，连每一张化验单都要求我们认真对待，记录异常值、粘贴要求美观，胶水不能多也不能少。开始我们对这么严格的要求有些不理解，后来才知道，李雁教授这么做是方便患者出院后复印时病历整齐。像这种从入院开始就开始为患者考虑的事例不胜枚举。此外，很多患者跟我们反映李主任完全不像一个主任，没有一点架子，经常自己亲自动手找红外灯烤伤口，亲自换药，患者和医生之间没有距离，没有任何陌生感。从入院详谈整个治疗方案，到术前手术方式图文并茂的讲解，再到术后亲自换药、关心患者心理，都是李雁教授医疗责任心的体现。

有一个比较典型的事例我想很多老师都知道。李雁教授经常做"肿瘤细胞减灭术+腹腔热灌注化疗术"，这种手术时间比较长，需要很好的体力和精力。和我同一届的一个学生，男生，在一次手术过程中因站立太久晕台。但作为年龄更大的李雁教授，虽然也累，却想到必须对患者负责，还是坚持着不打任何折扣地将手术完成。现在越来越多的腹膜癌患者慕名而来，手术很多，有些时候手术做到晚上 12 点，甚至凌晨 1 点，第 2 天还要接着手术。我们学生都感到受不了，但李雁教授却一直用饱满的热情、积极的态度、温馨的服务对待每一个患者及家属。我想这正是我们要学习的责任心。

除了在临床医疗方面认真对待、严格要求自己之外，李雁教授对于医学本身也是充满了探索与求知精神；是大家所钦佩的。在临床上观察到大量胃肠道肿瘤患者术后都出现腹膜腔转移复发，患者非常痛苦，生存期短，而治疗却没有非常有效的手段，通常只能对症处理。针对这一难题，基于人群健康的需求，李雁教授开展了一系列科学研究，旨在通过严谨、可靠的科研数据，为这一病症提供一种新的治疗方法。这就是针对腹膜癌的综合诊治技术方法，已经建立了相应的动物模型平台、研究了腹膜癌发生发展的机制、开展了 I/II/III 期临床研究、探索了应用新型纳米影像技术辅助腹膜癌诊断的可能性，初步建立了技术标准。

在培养学生方面，李雁教授非常认真负责。他说，我们要对学校、学院的信任负责，不辜负学校、学院给予博士生导师、硕士生导师的称号；对学生负责，教书育人，不误人子弟。每个学生在做课题之前，都要求先在临床实习一段时间，了解肿瘤的真实情况及肿瘤患者的真正诉求。在此基础上，才能真正本着治病救人的宗旨，以积极向上的态度、求真务实的精神开展科学研究。我们每个学生的课题，从开题、开始实验、每次实验的结果，再到论文的每一句话，每一种格式，每一个标点符号，李雁教授都要求学习认真对待，并非常细致地帮学生分析、修改。这种态度，深深地感化了每一个学生。

经过这么多年的接触，我觉得李雁教授首先是一个非常有爱心、有责任心、有探索精神的人，因为这份爱心，李雁教授成为了患者眼中的好人；因为这份责任心，李雁教授成了同行眼中业务过硬的好医生；因为这份探索精神，李雁教授成了学生眼中的好导师、好科研工作者。

同样作为一名医务工作者，在李雁教授的大仁大德面前，我深感惭愧，但也看到了未来的希望，李雁教授是值得我永远学习的榜样。在今后的工作中，要严于律己，宽以待人，做到严格要求自己，提升自身临床能力；只有掌握良好的医疗技术，具有扎实的临床技能，才能为患者提供更好的服务，为患者解决痛苦，延长生命。此外，我们在提升"技能硬件"的同时也应该对病人友善，提高患者满意度。良好的"技能硬件"和匹配的"服务软件"才能最大限度地发挥作用，才能从根本上缓解医患矛盾。我们要相信，患者或家属不满意那肯定是有原因的，而我们要做的就是像李雁教授一样设身处地地为患者着想，让患者及家属感受到我们的一片真心。

作为教学医院的一名教师，在临床工作之外，我也要学习李雁教授追求科学真理的探索精神，用心做科研，解决医学科学问题，并最终用于临床解决患者的临床难题。

总之，在今后的工作中，我要学习李雁教授认真负责、求真务实的态度和患者至上、为患者服务的精神，向"人民的好医生"看齐！

【作者：武汉大学中南医院肿瘤外科主治医师彭春伟博士；编辑：周春华】

4. 向李雁同志学习，做人民的好医生

2014 年 5 月 26 日，省卫生计生委召开表彰大会暨李雁教授先进事迹报告会，授予中南医院主任医师李雁教授"人民好医生"荣誉称号。我院党委召开大会，医院工会也进行具体布置，组织全院职工向李雁同志学习。

医院开展这个学习活动后，我认真学习李雁同志的先进事迹。他从医25 年，始终坚持在临床医疗一线，孜孜不倦、勤奋忘我工作，每年主刀完成癌症手术上百台，以高超的医术解除患者的痛苦，赢得了患者的爱戴、同行的尊敬和社会的广泛赞誉，先后获得国家科技进步一等奖、美国临床肿瘤学会国际发展与教育奖、教育部新世纪优秀人才奖等多项荣誉。李雁医生 25 年如一日，视病人如亲人，自绘一万余张"病情草图"和十几本"病情分析图"，用图画讲解的方式不厌其烦地与患者和家属沟通，让患者看得懂、用得上，化繁为简、变专业为浅显，一张张草图，架起一座座医患连心桥。他用爱温暖无数患者和家属，为医患之间.架起了一座沟通的桥梁，诠释了"大医精诚、救死扶伤"的深刻内涵。他用爱心和耐心营造

和谐医患关系，其先进事迹先后被中央和省内多家媒体广泛报道，在社会上引起了强烈反响。

作为一名康复科的医生，我要向李雁同志学习，争做一名好医生，努力做好以下几个方面：

第一是医德。做事先做人，要从医就先要有良好的医德。有良好的医德是作为一名好医生的前提条件。

自古有道"未学医先学德"，因为医生的一切言行，直接关系到患者的生命苦乐，也关系到治疗的最后结果与预后。医学前辈吴老对医德是这样看的，他说："医生的全心全意为人民服务，这就是医德"。

我们行医，出了一次差错事故，你也许认为这只是 1% 或 1‰，但对于具体的病人和家属来说，那就是千真万确的 100%，因为他可能这辈子就让你看这一次病。所以我们任何时候也不能掉以轻心、马虎从事，因为你面对的是病人最宝贵的生命和家属最殷切的期盼。

第二是医术。医学是一门实践性强的科学，因此，积极投身临床实践很重要。实践第一，一切解决现实问题的能力，只能从实践中获得，书本中的知识只是理论，光会背书本就是纸上谈兵。智能和才能就表现在解决实际问题的能力上，但是为什么在同样的实践机会的条件下，成长的速度和程度又大不相同呢？我觉得我们需要用"心"学习，勤奋当然是必需的，但决不能忽视认真读书和思考。需要在实践之前、之中、之后认真思考，总结经验教训，以充实有准备的头脑。要想成为医术高明的医生，就必须加强平时的专业知识的学习，只有专业知识扎实，技高一筹，才能在自己的专业领域发挥特长。

第三是沟通与交流。现在不只是有高尚的医德和高明的医术就是好医生，还要学会怎样与病人交流。只有沟通无障碍的时候，病人才能理解你，你才能切身体会病人及家属的心情，才能减少一些不必要的误会，减少医疗纠纷的发生。学会换位思考，用沟通交流的方式把医患之间的距离拉近。我们应学习李雁医生对患者的关爱，多于患者沟通，沟通时耐心、细致。

第四是学会与他人合作。我们无论生活、工作、娱乐都离不开人与人之间的配合与合作，医生更应如此。一个医术再高明的医生，也必须要有其他医护人员的配合才能完成各项医疗任务。所以，一个人如果缺乏与他人的合作的精神和能力，他不仅在事业上不会有所建树，甚至连适应社会都会感到困难。作为一名康复医生更要学会与他人合作，我们的工作与临床各科室都关系密切，通过和临床各科室的合作，得到最有价值的资料，让病人得到最佳的治疗方案，早日康复，是我们的终极目标。

做人做事没有最好，只有更好，在以后的工作中我会继续努力，争取能向李雁医生一样做一名优秀的好医生！

【作者：武汉大学中南医院康复科主治医师郑俊博士；编辑：王晓惠】

5. 用真情和爱托起和谐医疗的天空

为生命保驾，为健康护航，除人类之病痛，助健康之完美。八年医学之路走到今天，我有幸成为武汉大学中南医院的一名医生。作为昔日的学子，我熟悉这里的一切，美丽的环境，博学的恩师；作为刚刚入职的医生，我憧憬能用自己的医学知识为培养我的这片热土贡献自己的力量，为更多的病患解除疾病带来的痛苦。当然，想要成为一名好医生，紧靠医学知识是远远不够的，最重要的是需要医者仁心。高尚的医德，热情的服务是每一位医务人员必须具备的职业素养。古往今来，每一位流芳千古的医学大家都必不可少仁心仁术、尊重生命、精益求精的崇高医德和职业精神，而这些也是我们每个医务工作者的终生信条。除了名医典范，在我们身边也同样有这样值得我们学习和效仿的好医生。近日在医院党委、工会的号召下，我们认真地学习了我院肿瘤二科李雁教授的先进事迹，内心感受到了强烈的震撼。

在人们感叹医患难以沟通，医学术语难懂的今天，李雁教授用一种再简单不过的方式与患者沟通，每次接诊病人时不仅耐心而细致地向患者讲解病情或手术过程，而且为了让沟通更直白，他还养成了一个习惯，一边讲一边画，犹如一名"速写师"，用寥寥数笔绘就一张草图，向患者图解病情，介绍手术方案。从医25年来，李雁教授自绘一万余张"病情草图"和十几本"病情分析图"，写就人民好医生的'上医之境'，赢得百姓的口碑。这并不需要多么精湛的绘画技巧，只需要对患者保持足够的耐心和细心，倾情回应病人对自己病情和医治过程的关切，在一定程度上也解决了医患之间的沟通难题。

李雁教授从医25年来，始终把提高临床疗效、高尚医德作为职业灵魂。坚定恪守职业道德，严格把好医疗质量关，秉承"以人为本，以患者为中心"理念，挽救过无数生命，多次用真诚化解医患矛盾。他一直用这种方法向患者沟通病情，患者们的病情草图让患者看得懂、用得上，化繁为简、变专业为浅显。一张张草图，是他用心工作的表现，是用心探索服务方式的积极尝试。他用这种朴实的方式架起一座座医患连心桥。他用爱温暖无数患者和家属，为医患之间架起了一座沟通的桥梁，是对"大医精诚，救死扶伤"卫生核心价值观的最好诠释。他用爱心和耐心营造和谐医患关系，从不计较个人得失，始终以一名医生的良知和社会责任感，躬身力行坚守临床医疗一线。他没有惊天动地的壮举，却用几十年如一日的奉献，诠释了他对医疗事业的执著与热爱和医生的高尚医德与优秀素养。

李雁教授躬身于医疗、科研和教学工作之中。白天，医疗事务多、杂，李雁教授事无巨细，安排得井井有条；晚上，李雁教授忙于指导研究生们的学术研究，加班到深夜已是惯例。正是这种长期的耐心和坚守，耐心细心、矢志不移的工作态度，使他面对腹膜癌这一肿瘤界公认的"老大难"问题，没有选择绕道而行，经过十几年的努力，终于将患者的生存期平均延长了60%，获得了学术上的重大突破，得到了国际医疗界的一致认可。

他用平凡的行动诠释了当今医生的职业定位和职业追求，体现出了一名优秀医生献身医疗事业的高尚道德情操与人生价值。对待病人态度和睦，从不敷衍，画万余张草图讲解病情，体现了医生的责任心，也是对患者的尊重，从而使医患之间不可能产生任何猜忌或误解。他采取的病前谈话，过后又交流，赢得了病人的信任，增进了病人对医生的理解，而且李雁对病人很友善，经常看完病后还跟病人打电话联系，告诉病人用什么药，让患者和他一道共同面对病魔，达到最佳的治疗效果。

李雁教授兢兢业业和忘我的医德精神让我得到了深刻的教育，领会到医患关系中，奉献精神是不可少的，唯有将患者的利益放在第一位，才能把专业技术的作用发挥出来，才能在实践中不断得到提高。我们需要认真思考，努力地通过学习，提高技术，踏踏实实做好自己的工作，为患者解除病痛。李雁教授是我奋斗的目标，向李雁教授学习，学习他始终把病人利益放在首位，全心全意为患者服务的高贵品质；学习他敢为人先，勇于攀登医学高峰的创新精神；学习他恪尽职守，视病人为亲人，维护医学圣洁的大医品德；学习他甘为人梯，不遗余力培育人才的高尚风范。通过学习李雁教授的先进事迹，弘扬李雁教授的崇高精神，使我自身经历了一次高尚医德的洗礼。"牢固掌握专业相关知识，努力探索勇于创新"成了我学习的目标，"深入落实科学发展观，全心全意为人民服务，尽自己所能解除每一个患者的病痛"是我工作的追求。作为一个即将步入急诊科临床工作的医生来说，了解李雁教授的先进事迹对我以后的学习工作至关重要，他不仅为我指明了在以后学习工作中前进的方向，更重要的是进一步塑造了我的医德观念，在内心深处推动了我从事临床工作的积极性。

病人来到医院就医，说明病人对这个医院这个医生的信任，才会把生命托付给我们，这是一种让人感动的信任，我们作为医生一定要用自己所学让这种信任得到最好的回报。我们一定要以李雁教授为榜样，学习他爱岗敬业、无私奉献、刻苦钻研、严谨治学、淡泊名利的精神。在今后的医疗科研学习等工作中，坚持以人为本，勤奋踏实；努力做受患者爱戴、人民满意的白衣天使；铭记"大医精诚、敬畏生命"的院训，团结拼搏，锐意进取，为实现医院的发展作出自己更大的贡献！用精湛的医术，高尚的医德，热情的服务，驱走病患心间的阴霾，还生命一个灿烂的晴空。

【作者：武汉大学中南医院急救中心医师江山硕士；编辑：王晓惠】

6. 两件事，我认识了人民的好医生——李雁教授

最开始接触和熟悉李雁教授是从 2013 年年底召开的 2014 年国家自然科学基金申请启动会上。李雁教授深入浅出地从立题依据到工作基础给我们新进医院的博士讲解了自然基金申请的各个环节。同时，作为基金的评审专家，他还为我们指出常见的基金申请失败的原因。当时李雁教授给我的感受是医学知识渊博，知识面很丰富，特别是对肿瘤基础和临床的研究前沿有深入的理解。正因为这些，他找到了自己的科研领域，并在这个领域引导了科研潮流，有源源不断的创新成果，并能经常性地申请到国家自然科学基金的资助。作为留学回国的博士，我对回国后开展科研工作，开

始是比较迷茫的。李雁教授的讲解让我有了耳目一新的感觉。李雁教授让我知道了，在国内做科研必须要找到适合自己的领域；并且要在这一领域做长期研究的准备，做出独创的东西，才能让自己能够在自己的科研领域占有一席之地。

再次接触到李雁教授是在科研处组织的国家自然科学基金申请书的专家修改会上，有幸的是，我被分在李雁教授组。我详细地向李雁教授介绍了我的立题依据、研究内容、实验方案和工作基础。李雁教授听完后指出，作为青年基金的申请书，我的研究内容过多，需要精简一部分涉及人体标本的实验。同时对我的研究内容和研究意义提出了很多宝贵的意见。最后他还对我如何突出自己的前期工作基础等，提出了很好的见解和建议。所有这些都对我能够成功申请到2014年的国家自然科学基金（青年基金）有很大的帮助。

2014年5月，从医院办公室系统（OA网）得知李雁教授被湖北省卫生计生委评为"人民好医生"的喜讯，这让我对李雁教授有了更全面的了解。作为一名医生，李雁教授很好地诠释了中南医院"大医精诚，敬畏生命"的院训。他从医二十多年来，始终工作在医疗第一线，刻苦钻研腹膜肿瘤的诊断和治疗。同时，孜孜不倦、勤奋忘我地工作，每年主刀完成手术上百台，解除广大患者的疾病痛苦，体现了其"大医精诚"的精神。此外，为了让患者及其家属更好的理解手术方式，李雁教授自绘了上万张"病情草图"和十几本"病情分析图"，用图画讲解的方式不厌其烦地与患者和家属沟通，很好地体现了其"敬畏生命"的工作态度。他所画简图的方式为我们提供了一种很好的医患沟通的方法，这对缓解当前紧张的医患关系非常有效。在很好地完成医疗和科研工作的同时，李雁教授作为一名医学教育者和医学专家，他身体力行参与了硕士生和博士生的指导和培养工作，为我院和医疗界培养了良好的医务和科研工作者。

作为医院2013年入职的职工，我为我院有李雁教授这样的"人民好医生"感到非常自豪，我会以李教授作为自己的榜样来要求自己，学习他无私奉献、刻苦钻研、严谨治学的精神，同时在医疗工作中，很好的传承和实践中南医院"大医精诚，敬畏生命"的院训。

【作者：中南医院感染科主治医师马智勇博士；编辑：方世平】

7. 做对得起病人的好医生

"做李雁那样的精诚大医"，"做一辈子对得起病人的好医生"。武汉大学中南医院肿瘤外科专家李雁教授的事迹在中国的主流媒体报纸、广播和电视台等媒体刊播后，引起医疗卫生界的强烈反响。

李雁教授曾说过，病人是衣食父母，没有理由不尊重病人。李雁教授从医几十年，是这样说的，更是这样做的。在他眼里，病人没有高低贵贱之分，而对贫穷的病人，更要分外同情。无数事实证明，他真无愧于媒体所说的，是新时期的白求恩。

当前，湖北省省医疗卫生战线号召向李雁教授学习，做对得起病人的好医生。做对得起病人的好医生，要急病人之所急，想病人之所想。要像李雁教授那样，从细节上体贴病人。如天凉时，查体前，他总是先搓热双手，捂热听诊器，再接触病人的皮肤，并尽可能少暴露病人的身体。要像李雁教授那样有强烈的责任感，真正为病人着想，诚心实意地为病人服务，把为病人解除痛苦视为终生最高追求。做对得起病人的好医生，要有崇高的职业道德。面对生与死的考验、名与利的诱惑，要像李雁教授那样淡泊名利，固守清贫，不收红包，不拿回扣。以一身正气、一腔热忱、一份执著，看好病，治好病。

做对得起病人的好医生，要有孜孜不倦的敬业精神。记得有一位医院院长曾说过，近一段时期，频繁的医疗纠纷困扰着国内医院，不少医院对此多觉委屈。其实，医疗行业应该做更深层次的自我检讨：我们的医疗过程缺乏规范的操作流程；我们的工作人员缺乏高度负责任的敬业精神等都是医疗纠纷和医患矛盾产生的根源。我们应该像李雁教授那样，对工作兢兢业业，对病人高度负责任，矛盾可能就会大大下降。

做对得起病人的好医生，要像李雁教授那样真诚理解病人，用微笑迎接每一位病人的到来，用一颗真诚的心对待他们。医生不都能成为名医，但只要热爱病人，心系病人，服务病人，精益求精，恪尽职守，就能成为病人爱戴的良医。在当前医患关系紧张的下，尤其需要我们医务工作者都能像李雁教授那样，用实际行动证明，付出的是真心，处处是为病人考虑。这样，定能赢得病人的尊重和认可。

医生这个称呼，又有先生、大夫、天使的称谓；也有医者父母心、医者仁心的标签；更有善心、爱心、诚心、细心、奉献心和责任心等关键词。自古以来，医生这个职业在人们的心目中都是崇高的、无私的、高尚的和令人敬仰的职业。能成为一个医生，让人羡慕；能成为一个名医，让人敬佩。因此，做一辈子的好医生，是每一位医生向往与奋斗的目标，然而，做起来确实太难太难。如今，人们对医生的要求相当苛刻，要求医师的治疗天衣无缝、要求手术十全十美；要求医师无私奉献。医务人员是人，不是神，医务人员难免也会犯错，但我们应该尽善尽美、全力以赴地去做一名好医生。

第一是做好医生，首先要尽可能做到技术精湛。尽管很难做到手到病除、妙手回春。病人及家属的心情我们很理解，他们相信医生，盼望着病人能够尽快痊愈。他们不管过程，只看疗效与结果。因此，要求我们每一位医生都应该是技术精湛、水平高超、知识渊博的专家。

第二是做到急病人所急、想病人所想。病人正处于困难时刻，最需要医生的关心与理解。如果我们能知道他们的苦涩，融洽交流，充分理解，设身处地替他们着想，主动热心地帮助他们，他们肯定会认为你是一个好医生。

第三是要做到人性化服务、充满人性的关怀。病人对医院的了解和对疾病的认识有限，对医疗过程的细节更是心里没底的。他们盼望热心、仁爱、有同情心、有责任感的医生在他们困难的时候出现，希望医生用简单的、便捷的、方便的、低廉的方法检查与治疗疾病。更希望医生能够满腔热情、无微不至地关心病人，让他们感觉到就和在家里一样的境地。

第四是要做到爱岗敬业、无私奉献。专心致志、不断学习的医生是好医生；默默无闻、乐于奉献的医生是好医生；品质优良、作风正派的医生是好医生；心无旁骛、精心诊治的医生是好医生；穿着整洁、稳重敦厚的医生是好医生。我们选择了医生这个职业，就意味着奉献与付出，就意味着牺牲与辛苦。我们应该无怨无悔，坚持到底。

第五是要做到精益求精、不断创新。我们所从事的职业是在不断变化与发展的事业，这就要求我们要不断学习、不断进取、与时俱进。我们原来所掌握的技术与知识有可能过时，需要更新与完善。同一种疾病，原来的治疗办法已经可能不适应了，需要用新的办法与技术来解决。因此，要求医生活到老、学到老，精益求精、不断创新，追求最好和最高超的知识与技术。

第六是要做到严于律己、执行制度。医生是一个高风险、高强度的职业，又是一项要求精打细算、一丝不苟、细心认真的工作。长期的经验与教训积累了很多的制度与规定，都是无数先辈总结出来的宝贵财富。实践证明必须严格遵守、不能逾越。如果不按照这些制度与规范去做，肯定会出乱子，也就注定不会成为好医生。

第七是要做到尊老爱小、协同作战。在我们医生这个行当，祖祖辈辈都是以老带新、以师带徒，延续着老中青三结合的局面。正因为有这样一个团队，我们的事业才能够蒸蒸日上，不断发展与壮大。疾病的检查与治疗，经历了无数个医生，靠的是团队协作、整体作战，有一个好的团队，才能解决每一个难题。而一个好团队必须是由一个个好医生组成。

第八是要做到遵纪守法、廉洁行医。自改革开放的春风吹进所有医院以来，我们的职业道德也受到了冲击。"君子好财，取之有道"，我们不能在病人最困难，最需要帮助时去敲他的竹杠，大发不义之财！要做一个好医生，就要淡泊名利，遵纪守法，合理用药，婉拒红包，杜绝回扣，廉洁行医。病人通过低廉的收费、满意的服务、高超的医术、良好的医德，获得最后的痊愈这才是我们最大的心愿。

医疗机构是卫生系统的主要窗口，也是社会的重要窗口。医德、医风是全民族整体道德素质的重要表现。实际上，医德、医风的好坏是社会风气好坏的反映。因为医疗行为关系到人的健康与生命。所以，医德、医风一直受到社会各界的高度关注，常常成为焦点。因此，医德、医风建设必然成为社会道德建设的重点之一。

医务工作者要坚持社会主义核心价值观为指导，"以病人为中心"，坚持医师的德才兼备，医德为先。医德、医风的起码要求是职业道德，即尊重病人，对病人负责，医疗行为自始至终认真、规范。古今中外都有良好的医德传统。传说唐朝药王孙思邈遇一只母虎张口拦路，随从以为虎欲噬人而逃，孙思邈却看出虎有难言之疾。原来这母虎几日无食，不能哺乳两只幼崽，无奈之下吃了一位老夫人。那老夫人的一只发钗卡住了老虎的喉咙，这虎原来是拦路求医。孙思邈冒着被咬的危险伸手将异物取出，虎欣然离去。数日后孙思邈在返程中途经此地，那虎携虎崽恭候路旁向他致意。这个故事首先说明即使是吃人的猛虎患病，医生也应该为它治疗，不要说人得病了；其次，即使是吃人的猛虎对善举也有良性的回应。英国有南丁格尔女士耗尽家产和自己的生命创建了护理事业；而白求恩精神更是家喻户晓。

早在 2500 多年前，希腊医学之父希波克拉底就曾说过：医生有三件法宝——语言、药物、手术刀。医生的语言就像一把刀子，可以救人也可以伤人，正面的语言和负面的语言有着不同的惊人效果。俗话说得好，"良言一句三冬暖，恶语伤人六月寒。"美好的语言是一首诗，给人以美的享受，不仅让人听了心情愉快，感到非常亲切温暖，而且有助于病人康复；而不当或糟糕的语言就像一剂毒药，不仅让人听了心情不悦，感到非常痛苦，而且会使病情雪上加霜。

医患沟通是医生的基本技能。作为一名医生，不仅要会处理临床问题，而且还要面对更多来自其他方面的问题。不同地区的病人情况可能都不同，只有与病人多沟通进行深层次的讨论才能正确把握病情。

沟通体现在两方面。首先是"听"聆听病人的声音。古希腊哲学家苏格拉底曾经说过，"自然赋予我们人类一张嘴，两只耳朵，也就是让我们多听少说"。从这句话可以看出，倾听是多么的重要。对医生来说，不管是诊断还是选择什么检查、治疗方案，都必须从"听"中分析出来。其次，作为一名医生不但要听还要花更多的时间与你的病人在一起交流。交流还可以减少临床上的误诊和误会。病人有时会错误地认为所接受的治疗是不正确的。因此，与病人交流非常重要，并且还得掌握如何与病人进行有效的交流。医生不单要学习医学，掌握临床技能，还要学习心理学、社会学。同时，对于不同的病人要进行个性化的沟通。不同病人需要不同的沟通方式。有些特殊病人需要创造一个特殊的环境（如封闭的空间），与病人单独接触了解他的真实想法。不容易沟通的病人要给他时间，耐心、耐心、再耐心。

我认为对职业本身的热爱是做一名好医生的基础，而学会沟通、能说、会说，则是成为一名会说话的好医生的关键。要做一名"会说话"的好医生，我觉得还要做到"三知"、"四心"。"三知"即"知人"、"知面"

还有"知心"。"知人"就是知道病人的为人以及病人所处的周围环境（包括所处的社会环境、家庭背景、生活情况等问题）。通过我们平常与病人和家属"拉家常"就能知道病人的这些情况。只有知道病人的性格、为人以及病人所处的周围环境，才能为我们的沟通奠定第一步基础，打开一扇和谐之门。"知面"就是根据病人的面部表情、体位、身体姿势等判断病人的需求。"知心"就是要知道病人心里所想的，只有这样才能拉近我们跟病人之间的距离。沟通，从心开始。"四心"即"热心"、"爱心"、"真心"、"关心"。从心里面为病人着想，用热心去温暖病人，用爱心去感化病人，用真心去打动病人，用关心去体贴病人。所谓"动之以情，晓之以理"，这样沟通起来就容易多了，病人也觉得亲切多了，就可以敞开心扉，畅所欲言了。"拉家常"拉近医患之间的距离，"深交流"促进医患之间的和谐。同时，我们要以"见彼苦恼，若己有之"感同身受之心，赢得病人的信任，让病人感到自己不是一个人在与疾病作斗争，而是跟我们在一起并肩作战。

做好了沟通，只能是算会说话，可好医生还需要精湛的医术及高尚的医德做基础——正所谓德才兼备。唐代孙思邈在《大医精诚》里就说过医道为"至精至微之事"，习医之人"必须博极医源，精勤不倦"。这就说明我们要努力学习专业知识，提高医疗技术水平，还要博览群书，拓展知识面，理论联系实际，学无止境。关于医德，孙思邈在《千金方》的序言里就以一言以蔽之，"人命至重，有贵千金，一方济之，德逾于此"。同时，《大医精诚》里面也有阐述"凡大医治病，必当安神定志，无欲无求，先发大慈恻隐之心，誓愿普救含灵之苦"，"不得恃己所长，专心经略财物"。这些都是说明医生需要有高尚的品德修养。沟通是和谐医患的开始，而会沟通、好医术、讲医德才是成为医患和谐的关键。

怎样进行有效的沟通，如何更好地沟通，怎样更好地促进医患和谐，这些问题，我们都在李雁教授身上找到了答案。记得有一句话叫"德不近佛者不可以为医，才不近仙者不可以为医"。我想，这概括了一个好医生应该具备的四个字——德才兼备。这四个字的深刻内涵也在李雁教授身上得到了充分的展现。李雁教授是当代社会好医生的杰出代表，也是我们全体医务工作者永远的楷模。

【作者：武汉大学中南医院消化内科主治医师周峰博士；编辑：方世平】

8. 像李雁教授那样，做一名病人爱戴的神经科医师

健康所系，性命相托，在我们当初成为一名医学生时，我们都曾庄严宣誓，我们怀着崇高的敬意踏入了医疗行业，我们满怀激情，希冀解决患者所有的病痛折磨。可是医学科学博大精深，并且神经内科专业不断飞速更新，而我们所知道和掌握的又相对有限，在实际的临床工作中，患者的神经系统因疾病受损后多难以恢复，致残致障率高，治愈一名患者的成就感和慰藉感带给我们继续工作下去的动力，我们也逐渐体会和认同美国纽约东北部的撒拉纳克湖畔墓碑上的一段铭文——偶尔能治愈，常常去帮助，总是去安慰。

然而可能是日常的医教研工作中占据了我们大部分工作和休息时间，工作太过繁忙，忙得忘记了我们当初的激情澎湃，忙得忘记了我们最初的梦想，忙得没时间同病人和家属过多的交流，忙得忘记了病人甚至缺乏最基本的医学常识，他可能根本分不清肝脏和胃哪个在左边哪个在右边。在忙碌的工作中能真正做到的又有几个人呢，而中南医院肿瘤二科的李雁教授做到了，从医 25 年来，每次接诊病人时，不仅耐心而细致地向患者讲解病情或手术过程，而且为了让沟通更直白，他还养成了一个习惯，一边讲一边画，犹如一名"速写师"，为患者图解病情。粗略推算，25 年来他画的这种草图累计超过 1 万张。一万张是什么概念，也就是一年至少画 400 张草图，一天至少画一张，一万张纸张摞起来有多厚，我无法想象。他在查房、手术、门诊等等忙碌的工作中，依然能保持着良好的耐心，尽力与患者及家属沟通，真正让患者及家属了解病情，了解手术。这种充分而良好的医患间的沟通，不仅让患者安心，表达了对患者知情权的尊重，而且体现他精湛医术与优良医德的完美结合，使得患者更加信任医生，理解我们的医疗行为，帮助我们创建良好的医患关系及医疗环境。

今天，我想强调的不是他精湛的医术，不是他发表了多少篇 SCI 文章，影响因子有多高，而是他的一颗仁心，他的优良医德，他的工作操守，他对生命的尊重。许多专家、教授都在自己的专科领域里有所建树，但是像李雁教授这样实现了优良医德与精湛医术完美结合的医生真是太难得了。

我在综合医疗科的神经病区工作了多年，由于接待的大多数患者是高龄高知高干，一方面他们的躯体疾病多，病情重且复杂，检查和治疗需要

考虑很多方面，例如适应证、不良反应、耐受性等，我们尽量减少患者反复重复检查，必要的检查相对集中，减少路途劳顿；向每一位患者及家属交代病情，病情变化随时沟通，治疗方案会根据患者的病情综合考虑选择最适宜的，同时尊重患者的选择。另一方面，患者对生活质量要求普遍较高，对医学知识的认知度和关注度高，所以患者及家属对医护人员的要求也更高，我们除了夯实神经内科专科知识和技能，还需掌握其他内科知识，甚至全科知识；除了常规医疗救治外，我们还翔实和细致地对患者进行生活和康复指导。不仅如此，患者以老年人居多，住在病房里有诸多不便之处，我们医护人员会提供各种生活方便，让患者感到如家般温暖。尤其是有些患者由于家庭或个人性格方面原因，出现一些心理或精神方面的问题，我们会及时发现、协调和开导，评估并实施神经心理治疗，让患者的晚年生活温馨而快乐。

很多患者和我们成了朋友，经常电话、短信、微信、邮件等方式联系，交流病情，交流生活，和谐的医患关系不再仅限于表扬信、锦旗等形式，看到患者及家属开心的笑容，看到久未谋面的患者特意来探访，我们神经科医生心中无限欣慰和自豪。

医德是"根"，李雁用一张纸一支笔，表达了对患者知情权的尊重，消除了医患之间的猜忌和误解；医术是"根"，李雁用精湛的医术，守护着危重病人的生命之灯，叩开一扇信任之门。我们在工作中应积极向李雁教授学习，弥补我们自身的缺点与不足之处，不是让我们都去画图，而是学习这种态度，这种尊重患者、耐心细心的工作态度，让我们成为当之无愧的"白衣天使"。大医精诚、敬畏生命，这是我们中南医院的院训，也是我们每一位医护人员应当积极追求的思想境界，愿我们每一个人都成为像李雁教授一样德才兼备的白衣天使。

【作者：武汉大学中南医院综合医疗科神经内科病区主治医师陈静；编辑：方世平】

二、医技人员心目中的李雁教授

1. 向李雁教授学习　用耐心温暖医患关系

李雁教授作为一名医师，他的"草图式"讲解，不仅拉近了医患之间的距离，更是得到了广大民众和媒体的称赞。为此，我院掀起了向李雁教授学习的高潮，举办了"向李雁教授学习"的报告会。报告会上，李雁教授从临床医疗、科学研究和医学教育三方面讲述了自己从医20多年来的所思所想、所感所悟。李雁教授用一种再简单不过的方式与患者沟通，用寥寥数笔绘就一张草图，向患者讲解病情，介绍手术方案，对患者保持了足够的耐心和细心，使病人对自己病情和医治过程有了最基本的认识，在一定程度上也解决了医患之间的沟通难题。李雁教授的难能可贵之处就在于，他通过这种绘图讲解表达了对患者知情权的尊重，使医患之间不会产生猜忌或误解。听完李雁教授的报告，我感触颇深。

众所周知，当今社会，医患关系依然严峻。医疗行业的一大特点是信息不对称，医患之间存在巨大的"知识鸿沟"。在医生面前，患者处于专业劣势。但是患者如果不能在思想上认识到自己疾病的治疗原理以及过程，就很有可能造成患者对医生的用药及手术表示疑惑甚至是怀疑，而这些年为此而发生的悲剧数不胜数。因此，如何用通俗易懂的方式让患者了解疾病，尤其是理解医学的风险性和局限性，是医患沟通的重要内容，也是避免医患冲突的关键一环。如果医生能用形象的语言，把晦涩难懂的医学知识说清楚，一方面能获得患者的认可和理解，另一方面也为治疗过程的顺利进行提供了便利，更能避免发生不必要的悲剧。所以，学习李雁教授的精神是很有必要的，我们要学习李雁教授的先进事迹，必须从三个方面进行思考和领悟。

一是要学习他关爱病人、以人为本的大医情怀。随着我国社会经济的发展，国民生活及教育水平的提高，人们日趋重视医疗消费品质，加之我国城镇医药卫生体制改革日益深化，医院抢占医疗市场的竞争越来越激烈，新的《医疗事故处理条例》及与之配套规章的实施，都对医疗服务提出了更高的要求。因此，医院应该顺应时代的要求，积极开展人性化服务竞赛活动，与时俱进，强力推进以患者需求为中心工作，转变服务理念。根据患者的需求，在医疗技术服务过程中体现"以人为本"的思想，尊重患者、关爱患者、方便患者、服务患者，主动为患者提供全方位的人文关怀，切实改变"见病不见人"的单纯技术服务理念，使患者在接受服务过程中感受到对他们的尊重和人性的温暖，从而提高患者对医院的美誉度和忠诚度，巩固竞争优势，确保医院的可持续发展。

　　我们要主动适应新形势，增强创新意识。加强学习，切实认清形势，破除思维定势，主动适应，大胆创新。其次，纠正医患错位，强化服务意识。医疗活动中存在服务不到位，缺乏人情味的现象，根本原因是医患关系存在错位，部分医护人员高人一等的思想根深蒂固。面对激烈的医疗市场竞争，我们必须转变观念，承认自己是服务者，自觉树立以患者满意为标准的观念。我们既要重视疾病，更要关注患者。在为患者治病的同时，病人的情绪反应如害怕、焦虑、无助、挫败、忧郁等，会以不同的程度，在不同的生病过程中或多或少出现，并不同时间长短地影响着患者的治疗。因此，我们要针对患者心理，有的放矢地加强人文关怀，自觉实施全面告知制度，重视并善于与患者沟通、消除患者疑虑，让患者尽量能了解自己的病情、治疗方案和原理以及愈后状况等，充分满足患者的基本需要，尊重患者的选择权，从而使其拥有安全感和归属感。坚持"服务至上，病人第一"的服务理念，以人为本，关爱病人，从思想上、行动上把患者摆到中心位置，主动为患者提供人文关怀，让其感受到家庭般的温馨。

　　二是要学习他尊重患者、热爱生命的职业操守。人文关怀表现的是一种主动关怀的意愿或责任，它集中体现在人性化服务上，比如要更多地给予患者精神上的鼓励、心灵上的关爱、情感上的呵护，用爱心、贴心、耐心、责任心与患者建立亲情关系。在与患者深厚爱心的沟通中，唤起患者向往健康，善待生命的愿望，达到保护生命，减轻痛苦，促进早日康复的目标。在李雁教授的一位患者代表——代凤兰女士的讲述中，李教授的行为就很好地诠释了这些：55岁的代女士家在仙桃，李雁教授为她实施腹膜癌手术至今已8年，创下了该疾病患者国内最长生存的纪录。患病后，在李教授的帮助和鼓励下，她经历了一个从恐惧、敏感、绝望到配合、求生、自信、自强的过程。李雁教授和蔼的态度给了她抗癌的信心和克服一切困难的勇气，通过手术让她重获新生。李教授给她的家人画图讲解手术方案，认真解答她们提出的每个问题。她出院回家后，每年至少两次接到李教授的电话询问病情。她很感激能遇上这样一位好医生！

　　李教授这种主动以"患者平等"为前提，以"尊重患者"为本，以真心实意为患者解除病痛为出发点，使他和患者得以建立了良好的医患关系，取得了患者及其家属的信任、理解和支持，并得到了患者和家属的积极配合。李雁教授作为一个态度温和而诚恳的医生，往往在一开始的时候就减少了病人的不安心情，同时又有对病人疾苦的高度同情心，协调的医患关系已经初步建立。通过进一步的交谈，对病人的细致检查，凭着良好的医德和高尚的医技，在潜移默化的作用中，让病人对他产生了无限的信任和崇敬。

三是要学习他的孜孜不倦学习，大医精诚。我在反思，人生不过几十年光景，有的人能把自己的聪明才智发挥得淋漓尽致，最终获得成功的人生，而有的人忙忙碌碌一辈子，一事无成，这是为什么？决定人生成功的，绝不仅仅是才能、技巧和环境，而是一个人面对生活的心态。一个人做事时，如果患得患失，心有所虑，那么再过硬的才能和技巧都不可能得到最好的发挥。作为一名医务人员，工作是很辛苦的，不仅工作负荷大，身上时刻背负着巨大的精神压力，而且还常常受到来自患者及其家属的责难和不理解不配合。但是，古往今来的大医者，无不具有高尚的医德，高超的医术，高度的责任心。无一不是在清贫、默默奉献中度过自己的一生，他们把悬壶济世、救死扶伤、解除病人的痛苦作为自己人生的最高追求。我们既然选择医务工作作为自己的职业，这就意味着选择了奉献，就要有热爱医疗工作，献身医学事业的情怀；就要有关心爱护病人，为病人服好务的情怀；就要有甘于清贫、淡泊名利的情怀。这就是优秀医务工作者最宝贵的品质要求和职业修养。

我扪心自问，作为一个医药工作者，自己的工作做好了没有？对本职工作是为了完成任务，应付一下，还是想方设法把工作做得尽善尽美呢？我不管别人怎样想，首先自己感到对本职工作离完美还相差很远，还必须努力把工作做得更好。特别是工作中的一些细节更应该认真对待，对工作要全身心地投入，要善于找出自己工作不足的一面，加以改正，使自己得到提高。例如在药房中工作时，有一次做麻醉药品的专账，按照处方单在医院系统里进行划价登记，所有流程做完后，再进行核对时，发现系统显示的名单里少了几张处方单，纠结半天也找不到根由，跟其他老师讨论后，发现就是忽略了在做账期间退款的病人。这其实就是一个很小的细节问题。但是就是因为注意到这个小细节，最后不得不重头再做一遍。"学而知不足，书到用时方恨少"，这句话使我幡然醒悟。医院工作是一个高风险的行业，对工作中遇到的问题，应该认真钻研。对于"学问"这东西，千万不能想当然，不要凭经验马虎对待。我工作时间还不算很长，算是一个新手。我深深感到自己知识是那么的贫乏。我只有认真努力的看书，贪婪地学习，才能不断地进步。"做人要知足，做事要知不足，做学问要不知足"。这样的人生才有意义。只有这样做人做事做学问，才能今生无悔。

总而言之，李雁教授身上的确有许多值得我们学习的地方，只有承认并努力学习他人的长处，才可能让自己不断进步。只要我们人人都向李雁教授一样耐心对待每一位患者，我相信，我们医院一定会成为一个人人称赞的好医院！

【作者：武汉大学中南医院药学部张觅；编辑：王晓惠】

2. 化干戈为玉帛的有效沟通

聆听李雁教授的先进事迹报告会已经有些日子了，引发我们思考的话题在全院各科室范围内讨论开来。我感受颇深的是他利用通俗易懂的图画形式面对面与病人零距离交流。我们想李雁教授的这种行为是自然的，没有给我们任何矫揉造作之感，被广大患者充分认可并推崇备至，口碑效应带来了强烈的社会影响。

在医暴频频的今天，李雁教授的这种被病人传颂的高尚行为给医患沟通带来了一股清新亲切之风，在我们无奈面对现有的畸态的舆论导向时，我们只有改变自己，努力寻求多种规避医患矛盾的方法，像李雁式的沟通方式就不失为一种行之有效的方式，用通俗易懂、简单易行的画图瞬间拉近医生与病人之间的关系，让患者远离那些他们认为是医生故弄玄虚的深奥的医学术语，这样自然而然地消除了患者潜意识里对医生的敌意，架起了医生与患者之间一座心灵沟通的桥梁。在这种关系下，即使是初出茅庐的年轻医生，没有丰富高明的沟通技巧和经验，也能用这种简单明了的方法让患者理解并积极配合你的各种检查及治疗；或者我们的医生医术虽然高明，却终究没有挽救患者的生命，利用这种沟通方式也能让患者家属认同医生的职责只是"有时，去治愈；常常，去帮助；总是，去安慰"，理解并体谅医生的难处。正如中国科学院院士、著名肝胆外科专家吴孟超所说："医本仁术，医学是一门以心灵温暖心灵的科学，医生之于病人，其首要不在于手术做得如何流光溢彩，而在于如何向病人奉献天使般的温情。"李雁式的沟通正是吴院士所推崇的，我想这种沟通也应该是我们每一个医护人员必须学会的技能，用真诚、善意、友好、耐心的沟通换取患者及其家属的理解配合，开启和谐医患关系的大门，而沟通无疑是那把宝贵的钥匙。

半年之前在我院普外科发生了一起医暴事件，据说无辜受害者只是真实地说了一句"我不知道病人在哪儿"，就被患者家属不分青红皂白地殴打致伤。在我们无比愤怒与悲伤之余，我们也应理性思考，我们在沟通问题上是否做到了尽善尽美呢？我们是不是充分考虑了患者当时的感受与心情并做出相应的安抚和沟通呢？受害者是一名实习研究生，当时并不值班，只是穿着白大褂站在出事科室，被当时已经非常焦急和窝火的患者家属撞了个正着，再加上措辞不当，被家属殴打致伤。常理上我们认为患者家属简直无理取闹，但当时的背景是患者的主刀医生术后已将病人从专门通道转至 ICU 进行监护却没事先告知在手术室外焦急苦等的患者家属，导致患者家属仍然以为患者仍在手术中并持续焦急等待。可以说，患者家属的心态一直处绷紧状态中，而我们的研究生实习生的回答明显会让他们误以为是医护人员的不敬业不负责及对病人的漠不关心，在当时心境下做出一些不理性行为也是有因可查的，从某种程度上来说也是因为这名主刀医生的疏忽，最终让那名无辜的受害者买单。在当今因被媒体大肆渲染而无形中造成医患关系紧张的医疗环境下，在工作场所只要穿着白大褂，难免会被情急的病人家属当做救命稻草，我们若不假思索地拒绝、推诿，他们极有可能认为你轻视生命，藐视家属，态度极端不负责任，从而激怒他们并做出一些始料不及的偏激的事来。所以我们医务人员穿着白大褂在工作场所说话时一定要多多思考，回答病人及家属的话更要谨慎耐心，像那名实习学生如果回答"我不知道，但我帮你们去问问"是不是就不会惹火烧身了呢？

最近在微信上读到一篇关于在美国求医的真实感受的文章，里面谈到美国医生表达态度的方式远比其医术高明，他们会用夸张的表情对患者说出极富爱与张力的台词，有时让患者即使不满也会接受医生所犯的低级错误，陷入温柔的陷阱。美国医生的这种温柔的态度是一种职业修养，在很大程度上提高了患者在求医时的用户体验。美国讲究的是医患一家亲，病可以慢慢治，哪句话没说对让病人不高兴了或者误解了可是大事。美国社会动不动就搬起法律武器，恨不得每个人都有"我的律师"，在看似美丽动人的医患关系背后，患者对医生的意见和医生对患者的戒备无处不在，医生为了避免责任，锲而不舍讨病人欢心，可以说是无所不用其极，能不能治好病是后话，先得用甜言蜜语把你伺候晕，让你后面有气也没处撒。职业化的温暖如春其实是一个迷惑病人的上好计策，是一种职业技巧。由此看来，有效沟通能够化干戈为玉帛。看到这里，我犹如醍醐灌顶，我们是否能取其精华去其糟粕，扬长避短，将其应用于中国的医患沟通呢？为什么李雁式的沟通方式会得到病人的一致称颂呢？他的手术水准在同一专业领域难道真的是独领风骚吗？答案其实就在大家的心中。由此可见，李雁式的沟通并不是一枝独秀，有上面谈及的美国式的，有一直被大家赞不绝口的桂希恩式的，还有王争艳式的等等，可谓百家争鸣，百花齐放，只要感动了广大患者，让新闻媒体津津乐道，这种医患关系肯定能够奏出和谐的乐章。只是大多数医护人员并没有认真学习并认真落实于医患沟通中，或者是没有像李雁教授那样尽善尽美，充分站在患者角度思考问题，真诚尽力为患者服务，而这一点正是我们需要学习改进的。医患纠纷层出不穷，据统计分析沟通不畅占据了重要地位。态度冷漠、语言简单生硬、推诿病人，让患者面对医护人员时总感觉被漠视、被忽悠、被欺骗，紧张的医患关系如拉满的弦，一崩即断，不理智的病人及家属找茬的利剑也会随时袭来，让我们医务人员冷不丁遭受身体和心灵的重创，甚至付出生命的代价。相反如果我们态度热情耐心，语调柔和亲切，传递出发自内心的关爱，逐渐渗透到患者及家属的心里，和谐的医患关系当然能够建立起来。如果换位思考我们是病人或病人家属，我们希望我们所接触的医护人员如何对待我们呢？

在李雁教授的事迹报告会上，有一位患中晚期癌症的女病人多年以前在他精湛的医术下，像健康人一样有质量地生存至今。这些年，李雁教授都会定期追踪随访，提醒病人按时来复诊，接受治疗。这名患者被他高尚的医德深深折服，主动请缨来到会场上台诉说着她的感动和敬佩之情，让我们感受到和谐的医患关系下脆弱生命的顽强和迸发出的勃勃生机。李雁教授这种有始有终地关爱生命的行为和精神难道不值得我们学习和效仿吗？

李雁教授的事迹报告会或将成为我们遥远的回忆，但是它传递的精神值得我们医护人员认真学习及思考。有效沟通的确能够走进患者的心中，如春风雨露般温暖病人的心，解答疑惑，缓解焦虑，消弭怒火，抚平伤痛，让患者和我们医护人员共同努力，携手抗争疾病。我们真诚期待我院能涌现出更多的像李雁教授那样被广大患者交口称赞的"白衣天使"。

【作者：武汉大学中南医院保健科张洁；编辑：王晓惠】

3. 榜样就在身边

楚天都市报报道了我院的"草图医生"李雁教授的先进事迹，引起社会的广泛关注，人民日报、中央电视台、新华社等主流媒体纷纷跟进报道，称赞李雁教授的"大医情怀"是一把"打开医患关系死结的钥匙"。当医院组织全院职工学习李雁教授精神的时候，我才从同事中了解到，李雁教授不仅仅是我们院的科研达人，更是现在为人所熟知的人民好医生。这让我有一种醍醐灌顶的感觉，原来榜样就在我们的身边。

李雁教授自从医以来，始终坚持在临床一线，孜孜不倦、勤奋忘我工作，每年主刀完成癌症手术上百台，每次接诊病人时，不仅会耐心而细致地向病人讲解病情或手术过程，为了让沟通更直白，他还养成了一个习惯：一边讲一边画，犹如一名"速写师"。在手术之前他都会做的事情：就是对每个病人讲清楚3个"W"，即 What Disease（什么病），What Stage（发展到什么阶段），What Treatment（如何治疗）。要告诉他们治疗能够得到什么好处，需要付出什么代价，承担哪些风险。他就是用这些细微的照顾温暖无数病人和家属，为医患之间架起了一座沟通的桥梁，诠释着"大医精诚、敬畏生命"的深刻内涵。

李雁教授所做的一切都是那么的平凡而真挚，但是平凡中现真情，平凡中现美丽，平凡中见精神，平凡而又伟大。通过学习李雁教授的先进事迹之后，让我再一次领会到践行社会主义核心价值观的深刻要义，并从中得到五个方面的启示：

第一，信念坚定是根本。李雁同志几十年如一日的不凡业绩，展示了一个白衣战士最高的价值，证明了理念是人生之基。

第二，全心全意为病人服务是宗旨。李雁教授 25 年来，画万张病情草图，不厌其烦为病人讲解病情，是因为他心里装着病人，心系病人的健康。

第三，率先垂范是关键。李雁攻克疑难病症，树立了标杆，身先垂范，践行核心价值观。

第四，崇尚医德是本色。尽心尽责是衡量医德医风最直接的标杆，抛开个人切身利益，为病人服务，是我们卫生工作者应该做到的。

第五，清正廉洁是底线。面对感激的红包，李雁教授一概拒绝，体现了医者的朴素。

众所周知，近年来医患关系日趋紧张，医疗纠纷日益增加。重建和谐的医患关系，维护正常的医疗服务秩序迫在眉睫。通过学习李雁教授的先进事迹，我认为良好的沟通就是一把化解医患矛盾的金钥匙。医生多说一句，多做一点，再耐心一点，把问题讲解得透彻一点，多数病人和家属自然会对自己病情的治疗和预后都有合理的预期，不至于到治疗结束的时候才发现和自己的期望值不符而引起对医生的不理解和不满。当感受到医生的细心和耐心时，无论从情感上还是从道理上，病人和家属都更容易与医生达成共识，事后发生医患纠纷的可能性将大大降低。李雁教授把每一次的术前谈话、术后讨论都是做成了一次小型的抗癌知识公开课。他会请尽可能多的病人亲友参加，付出大量的时间和心思耐心细致地与病人交流，不仅仅是为了让病人打消顾虑，安心接受治疗，也是为了让病人和家属学习正确的、有关肿瘤的知识。

沟通是和谐医患关系的基础，无论是医生还是病人，只要能真诚沟通、交流，在相互尊重的前提下相互体谅，就能把准和谐医患关系的脉，开出除戾气、增共识的良药。

病理科作为医院重要的医技科室，特别是在对于怀疑肿瘤患者的诊断，常规病检是最为准确的诊断方法之一。与检验科有所不同，我们科室在对送检的组织标本都需要进行一系列的固定、脱水、包埋、切片，最后进行镜下阅片诊断，必要时还需要免疫组化或分子病理的检验，往往患者在不知情的情况下都会觉得当天就可以拿到结果，这是我们在工作中碰见的最常见的问题之一，这时候需要的就是我们多一点的耐心，为他们讲解病理检验的正常处理流程，我想患者的疑惑也迎刃而解了。

为方便病人，我科设有专人接待病人，为病人查询结果，解答疑问，接收标本，严格执行"三查三对"，防止出现标本的遗漏；对于检查的结果，我们都贴有详细的时间,；对于术中快速冰冻切片诊断，我们力争三十分钟内出结果，并且直接发送传真到手术室，第一时间将结果告知手术医生。每每在家属送冰冻标本时候，我们都会耐心安抚家属，解释病检结果的发送方式；在常规病检中，对于住院患者的"小标本"都会两天出结果，比以往整整缩短了一天时间，为临床诊断治疗提供便利。作为一名病理科的技师，平时的主要工作就是常规制片和冰冻主班，主要是常规包埋和制片。我还记得我刚来科室的时候，科室杨主任给我说的一句话"病理科的工作需要胆大心细"，在工作近两年的时间，我也深深体会到这句话的深意。譬如我们在进行石蜡包埋时候，不能仅仅讲究速度，要时刻注意不能把标本组织弄混淆，这是非常严重的医疗事故，所以一定要仔细。现在新技术日新月异，常规病理也有局限性，分子病理的崛起，在肿瘤患者的治疗预后及用药都有很重要的参考依据，对于我们来说，这还是一片很大的空白，努力学习，是满足患者的需求，也是对自己的提高。

作为一名医务工作者，为构建和谐的医患关系还有很长的一段里要走。李雁教授的事，就发生在我们身边，好榜样就在我们身边。我们为有这样一位好医生、好老师、好同事而感到自豪。今后，在我们自身的工作中还会有许多不足的地方，还值得我们全科人员不断学习，共同提高，更好地为病人服务。小事中见真心，平凡中见真实，我们要以李雁教授为榜样，学习他心系病人、服务病人的职业精神，始终做病人的贴心人。我们要在病理科工作岗位上，做好日常的每一件小事，为医院的好口碑尽一份力。

【作者：中南医院病理科徐剑；编辑：王晓惠】

4. 用细水长流的小事铸就大医精诚

最近这几年是医患关系特别紧张的年头，伤医事件时有发生，每次我听到这类事情时心情都很复杂，医患关系紧张的源头是什么？如何改善医患关系？我想这是所有医务工作者都曾考虑过的问题，在李雁事迹报告会上，李雁教授和湖北省仙桃市彭场镇代凤兰病友的讲话使我豁然开朗！如果我们都能像李雁教授一样既有精湛的医术，又能做到耐心细心地为病人讲解病情，与病人达到良好的沟通，用细水长流的小事去打动病人，那我们不仅不会有紧张的医患关系，而是会有视我们如亲人、恩人般的病友！

"大医精诚，敬畏生命"是我院的院训，李雁教授分析得好，要想大先要小，只有先做好小事、点点滴滴的实事才能成就大事；要有一颗平常心，品味平凡同时拒绝平庸。而敬畏生命就是与病人感同身受，对病人一视同仁，换位思考。他不仅是这么说的，更是这么做的。从医25年来，每次接诊病人时，不仅耐心而细致地向患者讲解病情及手术过程，而且为了让沟通更有效，他还养成了一个习惯，一边讲一边画，犹如一名"速写师"，为患者图解病情。粗略推算，25年来他画的这种草图累积量有1万余张。看似简单的几张草图，并不需要多好的绘画技巧，只需要对患者保持足够的耐心和细心，但这却能搭建起一座医患有效沟通的桥梁。李雁教授时刻保持着对病人的耐心细心，他经常对病人说的两句话就是："没事的，放心吧"，就是这句简单的话，让代凤兰女士和她的家人一次次从绝望中抽出身、放下心，现在她不仅身上的病好多了，人也显得精神了、年轻了，在戴女士身上，我们看到李雁教授不仅能治病，更能救人，让病人由绝望转变为愉快自如地回归社会适应社会，这也是我们当前最新的生理心理社会医学模式所要求的。

古言：医者，仁术也。乃获术而不仁，则贪医足以误世人命；或仁而无术，则庸医足以杀人人不晓。李雁教授就是充分认识到了这一点。作为一个医生不仅要有一颗仁心，更要有精湛的医术，不断攀登医学科学高峰，所以他在繁忙的临床事务工作以外对于教学与科研也有着严格的要求与自我要求，对于本科生、硕士生以及博士生他都有着自己的一套教学标准与评估方式，他经常下了班拎着包往各个实验室赶……几十年如一日地践行院训、爱岗敬业、坚持梦想，用点滴的实事细水长流地积淀着、锻造着。

身为一名青年医学检验人员，我也时常跟病人打交道。门诊检验科是我科与病人打交道最多的部分，同时也是最常出现问题的地方。曾有一次，有个小孩手指采血后不配合大人的按压止血，手指乱动，流血时间有点长，家长很紧张，跑回来跟我说小孩的血止不住，孩子的妈妈就开始抱怨说医生心太狠扎得太深，以前没有这么久止不住血的情况。其实，针的长度都是一样的，不存在深浅的差别，我也有点委屈转化为不耐烦的辩解，现在想想在门诊有各种抱怨也是偶尔难免的事，我看那个孩子才一岁多，不可能跟他讲道理配合按压过程，于是我去找不远处的护士站，要来一点胶布把棉球缠在小孩手指头上，虽然孩子的妈妈还是一脸的不高兴，但是孩子的爸爸马上很欣慰地道谢，我心里突然暖暖的，虽然这是一件多么小的事儿啊。还有一次，有一个中年男子抽完血后，在休息区的椅子上等结果，突然就晕倒在椅子上。我们科室的两位同事一起把他抬到有靠背的长凳上平卧休息，给他端来一杯水，并留一位同事在旁观察，还有同事去门诊办公室请求指示，并与急诊科电话联系反映情况。大概 5 分钟后病人慢慢坐起来，说他确实容易晕针，以前发生过多次这样的事，看他情况渐渐好转了，我们大家才把提着的心放下了。也有不知道该怎么处理的时候，记得有一次，一位小孩家长把在儿科抽的血送到我科检验，我们在查看她的化验单时，发现她还有一个外周血细胞形态的检查是要孩子本人去血液科实验室现场采新鲜血做的，孩子妈妈开始大发雷霆，表示不愿意再采血，吼叫着抱怨自己的孩子已经放了很多血，哭了好久了，我们都不敢说话，怕更加激怒了她，可是，这件事情只能这么处理，现场采新鲜血，后来一位年长的同事用很温和的语气跟孩子妈妈慢慢地讲这个检查的处理流程，并答应陪同前往，这件事情才算平息下来。门诊的故事还有很多，这是几件让我觉得温馨的小事。其实，跟病人交流确实是一件很辛苦的事情，非常需要耐性，因为病人与我们医务工作者存在着严重的医疗知识不对等。疾病的折磨使得他们非常希望快速地知道检验结果，以及检验结果与他们当前病症的联系。这个时候非常需要"李雁教授式"的工作方式，耐心细心地跟病人讲解我们的服务流程，有效回应病人对自己检验结果的关切，把他们当成自己的亲朋好友，感同身受，理解他们急切的心情，这一点可以说在听李雁教授的报告之前我没有如此深刻的认识，做得也还不太到位。现在有李雁教授这样的好榜样，我要汲取正能量，做到即便平凡，但绝不平庸！

《楚天都市报》以《手术速写师的大医情怀》等为题对李雁教授的事迹连续进行了详细报道，中央电视台等媒体也进行了报道。可以说李雁教授的先进事迹已经影响了整个医疗行业，影响了整个社会。同样作为中南医院的一员，我们要学习他关爱病人、以人为本的大医情怀，学习他耐心细心、矢志不移的工作态度，学习他尊重患者、热爱生命的职业操守，牢固树立以病人为中心的服务理念，努力实现精湛医术与优良医德的完美结合。加强医患沟通，增进医患理解和互信，不断改进医疗服务作风，努力构建和谐医患关系，为医院发展创造良好的医疗环境，用细水长流的小事铸就大医精诚！

【作者：武汉大学中南医院检验科薛寒；编辑：王晓惠】

5. 平凡显伟大，"纸图"建桥梁

在现代都市竞争的人性丛林中，能够修炼成从容淡定应该是一种福气。医院工作的高压下需要从容淡定，唯此，才可以"聚精会神搞建设，一心一意谋发展"，才可能更好地工作，更好地创造，更好地提高自己，修炼自己。所以从容淡定，意味着冷静的现实主义。有了这种冷静的态度，遇到不公正、遇到误解、遇到委屈，就不会伤心，就不会怨天尤人，更不会自怨自艾，而是咬紧牙关，苦练内功。从容淡定，意味着在大多数时候应该保持好心情。不要让我们自己的心遮住了阳光。如果能够用一种内心的富足和饱满，能够用一种内心鲜活的力量去弥补遗憾，才能气定神闲，成为一个坦荡、磊落而勇敢的人。

2014 年 4 月 11 日凌晨 3 时 30 分，李雁刚刚走出中南医院外科楼手术室。从前一天下午 3 时开始，他一直在抢救一位 26 岁的卵巢癌腹膜转移患者，回到办公室，他疲惫得瘫坐在椅子上。看到尾随自己而来的患者父亲老夏，李雁拿出手机，点开刚刚在手术中拍下的影像记录，开始讲述手术情况："肿瘤转移到了肝膈肌、肠系膜，但已经被我们一颗颗全部切除，

又进行了热灌注化疗……"此前，老夏已经带着女儿跑了多家医院，做过3次手术，病情却始终没有好转，一家人心急如焚。就在经过这次治疗的9天以后，女儿出院了，至今恢复良好。这是李雁教授日常工作中在平常不过的一幕，对于他来讲，每次面对的是不同的患者，不同的病情，不同的患者家属。但是相同的是患者眼中对生命的渴望。

"腹膜癌患者是一个很大的群体，我们不能一直束手无策，不能一直看着病人绝望下去。"李雁说，"实际上，从腹膜癌发生到发展为终末期的过程中还有若干个关键点，如果找到这些关键点并且采取有效的干预措施，病人的生存期就能够大大延长。"2006年，李雁的研究成果获得国家科技进步奖一等奖。2012年，李雁在第八届国际腹膜表面肿瘤大会报告了临床研究结果，被国际同行称为"里程碑式的研究"。在李雁的努力下，许多以往被肿瘤学界视为的手术禁忌被屡屡突破。

"如果医生仅从临床医学出发，关注的就只是导致疾病的原因，而患者在遭受疾病折磨的同时，会产生很多心理问题。关注病灶是治病的前提，关注患者的感受和情绪，才能救人。"李雁教授深知患者谈癌色变的心理，所以他每次都会与患者反复沟通，讲明利弊，让患者心中知晓。而且为了让沟通更直白，他还养成了一个习惯，一边讲一边画，犹如一名"速写师"，为患者图解病情。李雁教授用一种再简单不过的方式与患者沟通，用寥寥数笔绘就一张草图，向患者讲解病情，介绍手术方案，并不需要多么精湛的绘画技巧，只需要对患者保持足够的耐心和细心，倾情回应病人对自己病情和医治过程的关切，在一定程度上也解决了医患之间的沟通难题。为患者手绘草图讲解病情，这已成了李雁的职业习惯。无论是坐诊还是查房，他总习惯拿着一个小文件夹，里面夹一叠白纸，胸前衣兜里插着一红一黑两支水性笔。"我画这些草图纯粹是为了讲解病情，比较潦草。"50岁出头的李雁回忆说，第一次给患者画图讲解病情，是在自己工作的第一年，当时接诊了一名外省农村来的大肠癌女患者，因对方方言太重，又听不懂普通话，且不识字，双方交流十分困难。正在一筹莫展之际，他突然想到办法，掏出笔在纸上画下病变部位和手术方案，不知不觉连画了好几张，让他高兴的是，那名女患者很快就明白了。

发现画图效果不错后，李雁慢慢形成了"既动口又动手"的习惯，并且不知不觉一画就是 25 年，基本上每接诊一名患者，少则画一两张，多则画十余张，粗略推算累计超过 1 万张。他说"医生有义务让病人清楚地了解自己的病情和治疗方案，不能用专业术语来敷衍他们。"李雁教授的这种做法，不仅得到了广大患者的称赞，同时也被同时认可和学习。"他一边讲一边画的习惯，同事们都知道。"中南医院肿瘤科主任熊斌教授说，现在大医院医生都特别忙，工作压力和精神压力都很大，但李雁教授愿意花时间跟患者交流、沟通，非常有耐心，深受患者好评。该院肿瘤二科护士长钟君更是告诉记者，不少康复的患者十分感激李教授的耐心与细心，出院后还把他画的草图收藏起来当纪念品。

从医德角度讲，李雁不厌其烦地画草图为病人讲解病情所反映的，是当下很多医疗从业人员所欠缺的人文医学素养，也可说是一种以人为本的人文情怀。医学应是最具人文精神的学科，医生应是最富人情味的职业之一，李雁教授的作为，就这样诠释了医学的真谛和医生的职业内涵。他绘就的一张张病情草图，为医疗从业者指明了如何打破医患关系僵局的路径。

有人如此在赞美医生这个职业：平时没发现你有这么美丽，人间的天使穿一件圣洁的白衣，在无硝烟的战场上你与病魔零距离。平凡岗位上你用青春和年华，换来无数病人的微笑与感谢，平凡孕育着伟大，奉献酝酿着崇高，你们的精神是星空中永远闪烁的恒星，你们的行动满载着迈向辉煌的明天，这不能不说你们伟大的精神塑造人类完美的世界。这正是李教授的真实写照。坚持一天很容易，坚持一年很厉害，难就难在坚持一辈子。从医 25 年来，他始终坚持在临床医疗一线、孜孜不倦、勤奋忘我工作，每年主刀完成癌症手术上百台，以高超的医术解除患者的痛苦，赢得了患者的爱戴、同行的尊敬和社会的广泛赞誉。他几十年如一日，秉承"以患者为中心"的理念，视病人如亲人，自绘一万余张"病情草图"和十几本"病情分析图"，用图画讲解的方式不厌其烦地与患者和家属沟通，用爱温暖无数患者和家属，为医患之间架起了一座沟通的桥梁，诠释了"大医精诚、救死扶伤"的深刻内涵。李雁教授在平凡的岗位上做出了不平凡的业绩，展现了新时期医者的崇高风范。

近几年来我国的医患关系日趋紧张，医疗纠纷日益增加，一方面经常有病人投诉、殴打甚至杀死医务人员的事件发生，另一方面医务人员也多有抱怨。为处理病人投诉和医疗纠纷，卫生行政部门、医院主管部门和相关医务人员要耗费大量的时间和精力。医患关系紧张不仅影响到患者及家属的心理，影响到和谐社会的构建，也严重干扰了医疗单位的正常工作秩序，加重了医疗管理部门的工作量和医务人员的心理压力，降低了医疗单位和医务人员在社会上的声誉形象。重建和谐的医患关系，维护正常的医疗服务秩序，维护医患利益，成为需要全社会共同来关注的一项严峻的课题。造成目前医患关系紧张的因素中除了一些社会原因、医学原因、媒体原因等，医患沟通不及时、不顺畅是其中一个很大的影响因素。患者的无知，就是医患关系沟通不畅的主要表现，这样也就给医疗服务工作提出了一个更高层次的要求。医方作为医患关系中的主导者，其行为直接决定医患关系的好坏和发展趋势。医患之间相互依存，医生因患者而生存，医学因疾病而发展，患者生病也要医生救治才能摆脱病魔，恢复健康。医患之间应该成为社会上最和谐的人际关系。虽然造成医患关系紧张的因素很多，需要从体制上加以统筹解决，但医院不能坐等靠，而应主动有所作为。医务人员应该设身处地为患者着想，把患者不放心不了解的事情讲清楚，帮助患者选择，这样患者才能理解医务人员。医学科学是一门实践性强、风险性高的学科，广大医务工作者要不断探索，不断总结，不断提高，这也需要广大患者的支持和配合。只有医务人员加强与患者的沟通，充分尊重患者的知情权、选择权，建立良好的关系，才能使患者积极支持、配合医疗工作，才能使医务工作者有良好的心态从事医学事业，推动医学科学的发展。

李雁教授对工作认真负责的态度，也激励了医院很多的年轻工作者，同样也启发了我如何更好地进行本职的康复工作。由于我科室的工作性质，需要对其他科室的患者进行床边的针灸治疗。可是对于一次性针灸针用完后如何带回科室进行回收处理一直困扰着我，因为用完了的针灸针并没有办法装进口袋，只能用手捏着拿回科室。偶然的一次，在吃完了一盒咽喉糖后我发现小巧又呈圆柱体的盒子非常适合装针灸针。小小的盒子容量很大，装进一天用过后的针灸针不成问题，避免了针尖可能带来的伤害以及节省了大量的时间，可以更好地为患者服务。还有一个好处是我通过查数目清楚患者的针灸针有无遗漏。在临床带教过程中我还给学生准备盒子同样增加他们的工作效率，减少医疗问题的发生。像李雁教授一样，专注于本职工作才能发现医疗过程中的点滴小问题，才能想出如图纸、针灸盒类似的"小妙招"。

职业上的专业性，不是医道仁心打折的借口；工作的繁重复杂，不是罔顾患者知情权的理由。越是长期面对病患生死，医生越要学会以深入浅出的方式，尽可能地把复杂的治疗方案解释得更清楚些，让患者心里有数；越是工作节奏紧张，越要耐心细致、体贴他人，用心倾听和解答患者的疑问。"草图医生"李雁则用一万张草图给出了自己的答案——将心比心的朴素坚守、事做于细的严谨认真、把患者"当亲人"的仁爱之心。他用平凡的行动诠释了当今医生的职业定位和职业追求，体现出了一名优秀医生献身医疗事业的高尚道德情操与人生价值。

每一把合适的桨，都能让我们抵达破解矛盾的彼岸，关键是，要有众人划桨开大船的共识和行动。我们广大青年要以李雁教授为榜样，学习他严格律己、爱岗敬业的工作精神，铭记"大医精诚、敬畏生命"的院训，团结拼搏，锐意进取，为实现医院的发展作出自己更大的贡献！

【作者：武汉大学中南医院康复科闫成龙；编辑：王晓惠】

6. 学习李雁教授精神，做好药学服务工作

"大医精诚，敬畏生命"，说出来容易，但做得好却非常难，李雁教授用他的实际行动为我们诠释了"大医精诚，敬畏生命"的深刻内涵，诠释了他对医疗事业的执著与热爱和医生的高尚医德与优秀素养。李雁教授是敬业精神的最佳代言人。从医以来，他视病人如亲人，自绘了一万余张"病情草图"和十几本"病情分析图"。接诊病人时，他耐心地用图画讲解的方式与患者和家属沟通，让患者看得懂、用得上，化繁为简，变专业为浅显，为患者图解病情。也许有人会说，不就是画个图吗，我也能做到。一次两次也许没有问题，但是 25 年如一日一直这样做，真的很难。李雁教授的病情草图，是用心工作的表现，是用心探索服务方式的积极尝试，他没有惊天动地的壮举，却凸显了他以人为本的大医情怀。李雁教授的先进事迹让我受益匪浅，心灵得到了前所未有的洗涤。医疗卫生服务行业是一

个特殊的行业，它是由许许多多"零件"所构建成的一个与人的生命息息相关的整体。不论哪个"零件"出了毛病，都有可能让病人付出宝贵的生命作为代价。药学工作人员也是其中的一个个"零件"，是医院这个整体的重要组成部分。如何完善自我、更好地履行为人民健康服务的承诺是我们每个药学工作者必须思考的问题。医者乃生死所系，药学工作直接关系到病人的生命安危和千家万户的悲欢离合。因此药学人员只有不断钻研业务，提高技术水平，才能使更多的患者脱离病魔的折磨。过硬的业务水平既树立了医院品牌，也是医患良好沟通的准入证。反之则会失去患者对医院最基本的信任，造成沟通基础的缺乏，制造出的只能是更多的医疗纠纷。现在药学的发展日新月异，新药层出不穷，医院药学的发展面临着重大的机遇和挑战，公众渴望高水平、高质量的药学服务和药学保健关怀。如果不注意读书学习，不注意知识的积累，不注意研究新问题，将难以胜任未来药师这个岗位。我们要转变服务观念，提高自我素质，把我们的思想从不合时宜的观念、做法和体制中解放出来，从主观主义和形而上学的桎梏中解放出来，用发展的眼光和观念去指导新的实践。我们要有不断增强学习的责任感、使命感和紧迫感，像李雁教授那样，利用一切空闲时间抓紧学习，提高岗位技能和水平。具体来说就是要在工作中不断学业务、学知识、学政策。要挤时间去学，持之以恒的学，结合现实去学，把学到的知识用于指导工作，反过来在实际工作中去检验所学的知识。

我们正处于精神和体力最旺盛的时期，应该抓住这生命中最美好的时光，为自己争取一个满足并与众不同的人生。职业操守，是医务人员的职业道德及应具备的思想品质，也是医务工作者应具备的最基本的素质。对于医务人员来说高尚的医德和精湛医术同样重要，否则，就像爱因斯坦所说：只有专业知识，他可以成为一种有用的机器，但不能成为一个和谐发展的人。所以医务人员在强调提高业务的同时，还应具备高尚的情操、正确的价值观和高度的责任心。只有德才兼备，才能在工作中对医术精益求精、全心全意为病人服务，设身处地为病人着想。正如希波克拉底誓言中所叙述："我愿在我的判断力所及的范围内，尽我的能力，遵守为病人谋利益的道德原则……"李雁教授长期用画图的方式与患者和家属沟通，这一行为首先建立在为患者考虑的基础上，急患者之所急，想患者之所想。

在他的手机上，储存着每一位经他救治过的患者的电话号码，他坚持定期与这些患者联系，及时掌握他们的身体状况，为他们答疑解惑。药师在医院药房开展药学服务，与传统的药学调剂相比，最大的不同之处是药师必须与患者进行面对面的、较长时间的交流，为患者提供药学专业服务。不同的态度将会导致截然不同的效果，记得我们科室有一次科内学习，内容是"窗口服务礼仪"，当中有几段模拟的窗口工作人员进行药学服务的场景，如药师热情周到的服务，患者将得到满意的答复，高高兴兴地离去；药师不耐烦，敷衍对待自己的工作，患者不满，激化医患矛盾。我们对患者就应该像父母对子女的那样的爱，所谓"医者父母心"。作为父母，当你的小孩遭受病魔的折磨时，你的心是否也在承受同样的痛苦？当你带着生病的小孩心急如焚来到医院，把你的一切希望寄托在医生身上，看到的却是冷漠的脸，听到的却是漫不经心的话，你如何感想？药学服务强调的是"以人为本"的服务理念，我们要从心底将患者认定为亲属或朋友，注意端正服务过程中的态度。有些难沟通的患者，我们要尝试着换位思考，学会用心沟通，用心聆听，用心工作，学会了解病人，理解病人，尊重病人。学会微笑，我们不能使外面阴雨连绵的天气按我们的意愿变得晴朗，但我们却可以使自己和别人的心情变得晴朗，而微笑就像能冲破云层的阳光。发自内心的、真诚的微笑能给人以温暖，让人如沐春风。很多道理说起来简单，真正做到却不那么容易。但我想，只要我们有一颗善良的爱心，即使我们做不到完美，也可以做得更好一点。在今后的工作中，我将努力做一个让患者满意的白衣天使，以李雁教授为榜样，认真对照、检查自己的不足，切实改进工作，以更饱满的精神状态，以更务实的工作作风，扎扎实实、兢兢业业做好自己的本职工作，使自己的工作不断进步。我会铭记"大医精诚、敬畏生命"的院训，以李雁教授作为铭记在心的行为标杆，团结拼搏，锐意进取，为实现医院的发展作出自己更大的贡献！

【作者：武汉大学中南医院药学部郑艳；编辑：王晓惠】

7. 医者仁心　守护生命

他似一缕温暖的阳光，他似海洋般宽广的学识，他拥有无比坚韧的力量，他是人民生命的守护神！他就是武汉大学中南医院肿瘤科医生——李雁。他说："践行院训，爱岗敬业，坚守梦想，不懈努力"；他说："我们要自觉践行最新的医疗模式，要坚定相信病人的理解能力，要充分尊重患者的知情权利。"他说："我们都是工人家庭，农民家庭出身，我们眼里没有贫富贵贱，别人有什么感觉，我肯定有什么感觉。"他说"我理解的院训是：大医精诚：做好小事，品味平凡，拒绝平庸；敬畏生命：感同身受，一视同仁，换位思考。"是的，他，就是这样一位竭诚奉献，做好临床医疗；严谨认真，做好医疗科研；孜孜不倦，做好医学教育的"人民好医生"！

晋代名医杨泉说"夫医者，非仁爱之士，不可托也；非聪明理达，不可任也；非廉洁淳良，不可信也"。医学的根本任务在于以术济人，如何把"精术"和"立德"结合起来，是作为医者孜孜不倦的探求。

武汉大学中南医院的李雁教授：肿瘤生物学行为湖北省重点实验室副主任；临床上主要从事胃肠道肿瘤、乳腺癌的手术及综合治疗，特别是缩瘤术加腹腔内热灌注化疗治疗腹膜转移癌的新技术研究与应用。其科研成果多次在国内、国际上获奖；并指导本科生和研究生获得多项国家级和省级奖励。这些临床科研教学多方面成就足以说明李雁教授在临床工作和科研中是一个学术水平很高的医务工作者，在专业领域具有相当的发言权。但这并不是他医务工作中优秀表现的全部。在临床工作中，李雁教授几十年如一日，秉承"以患者为中心"的理念，视病人如亲人，自绘一万余张"病情草图"和十几本"病情分析图"，用图画讲解的方式不厌其烦地与患者和家属沟通，用爱温暖无数患者和家属，为医患之间架起了一座沟通的桥梁，诠释了"大医精诚，敬畏生命"的深刻内涵。其先进事迹先后被中央和省内多家媒体广泛报道，在社会上引起了强烈反响。这，就是我们身边一直默默奉献的典型代表。为患者服务的口号不是喊在嘴上，而是体现在日常工作中。通过这些事情我们可以看到李雁教授在拥有精湛医术的同时，更怀着一颗时时为病人着想的仁心，一片对生命敬畏的赤诚和一种守护生命的力量。我们每个医学生在步入神圣医学殿堂时都曾虔诚地默诵希波克拉底誓言。其誓词间蕴涵的意义值得我们每个医务工作者去践行，也必须去践行。我认为李雁教授就是用实际行动来实现自己当初的誓言，坚持自己作为一名医务工作者的道德标尺。而如何理解李雁精神、如何在实际工作中用李雁精神来指导我们的工作，加强我们所提供医疗服务的质量和深度，值得我们每一个医务工作者深思。

首先，精湛的医疗业务水平是我们践行李雁精神的必要前提。"医之为道，非精不能明其理，非博不能致其得。"没有精湛的业务水平和清晰的理论背景知识，我们无从为病人提供良好的医疗救治服务，无法为病患减轻、消除痛楚。随着近代自然科学的发展，医学的发展如同其他科学一样迎来了爆炸式的发展，人们对人类生命奥秘的探索从未止步，即使医学的分支学科发展也是日新月异，这样每个医务工作者都时刻面临着知识随时落伍的处境，而以前所理解的知识也随时可能出现新的理论和解释，不断有新的技术方法来实现以前所不能达到的检查目的，这就对我们每个医务工作者提出了更高的学习要求。对自己专业方向的前沿知识必须保持足够的学习劲头和强烈的求知欲，探索新的知识，并结合自己的实际工作消化吸收。只有充实了我们的业务水平，才能更好地为患者和临床提供医疗上的支持和服务。素有贤贞才智之名的清代医家张畹香曾说："学医总须多读书，多看各家书籍，自然腹中渊博，胸有准绳"。所以我们不仅得关注自己专业方向的相关前沿，对医疗工作中其他领域的新动态也应该保持一定的关注度，毕竟我们直观感受的只是疾病的表现，其深层次的原因极有可能是一个系统性、多因素的影响导致的。就我们检验科而言，不断开发新项目，引进新技术，把国际国内最新最先进的技术引入到我们医院的实际工作中，为临床提供更多更好的诊疗服务，这样我们就必须不断学习，不断探索，不断进步。在实际工作中，我们检验科的学习氛围非常浓厚，经常举办各类培训和讲座，甚至经常会利用中午和晚上休息的时间来组织讲座学习，同事们也争相取得科研硕果，仅去年我科共发表各类文章几十篇，获得国家基金 2 项，青年基金 1 项，今年又有三位同事相继出国学习，为医院发展贡献力量。同时作为中南医院窗口科室门诊检验科的工作也是直接接触患者及其家属，在这样的工作环境之下，患者及家属对于各种检查结果不熟悉、不了解很正常，如果我们没有足够的专业背景知识支持，将无法为病人的问题提供正确合理通俗的解释，无从消除病患及其家属心中的疑惑，也就无需遑论提高医疗服务水平了。所以学习李雁精神首先还是要在日常的工作学习中不断积累，注重提升自己的理论知识水平，努力提升自己的临床业务水平，只有我们的硬功夫扎实了，才能更好地为临床为病人服务。

其次，对生命的尊重是践行李雁精神的核心。生命这个词语对于医生而言具有两层含义，一是患者受到具体疾病所威胁的性命，二是患者前来就医，其本身作为一个完整生命体的"人"性我们不能忽略。医院是一个特殊的服务行业，医生的每一个决定都可能影响患者的生命，如若我们没有对生命足够的尊重和敬畏，随心处置，其结果的残忍不言而喻。医生这个职业，历来担负着"上以疗君亲之疾，下以治贫贱之厄运"的重责，我们要对每一个病人平等对待，不能因为权贵和富贾搞特殊化，对每一个病人应如亲属般温暖才能让患者切实感到对自己的尊重。高尚的医德和对待生命的虔诚是我们每一个医生义不容辞的责任，正所谓"医家有割股之心，安得有轻忽人命者哉?"。生命可贵，责任重大！我们必须时刻铭记"救死扶伤，悬壶济世，除人类之病痛，铸健康之完美"是作为医务工作者的我们的毕生追求。面对素不相识的病友对健康的渴望和对我们的深深信任，唯有怀着对待生命的博爱与敬畏，用满腔热情尽平生所学才能慰藉病友和我们自己的良心。我们每天接触的病患都处在极大的痛楚中，其身体和心灵都承受着正常人无法理解的痛苦和折磨，这一点在李雁教授所处的肿瘤科尤为突出，肿瘤患者的心理压力一直都是一个我们必须面对的问题。患者来到医院寻医是对我们的信任，同时也怀揣对美好生活极大的向往。我们要怀着仁慈、尊重、敬畏的心来认真对待，而不是高高在上，对病人随意呼来喝去。同时，对生命的真正尊重还体现在一些细枝末节。作为一名博爱宽厚的医生，我们还要考虑到那些病情较为严重的诊断结果对于病人心理上的冲击，做好安慰和隐私保密工作，详细解答病人心中的疑惑，以及治疗方案可能带来的各种后果，充分尊重病人对自己病情的知情权和隐私权。我们对患者隐私权的尊重也是对其本人尊重的一种表现，特别是一些在社会上可能引起非议的检查结果，我们更应该做到对患者隐私的保护。对于那些极易引起患者心理负担的检验结果应直接送至临床医生或者按要求上报医务处和疾控中心，对于法医工作者要严格保守病人的秘密，同时我们从内心也不能歧视、嘲笑那些患者，我们给予病人的应该是温暖，是希望，是发自肺腑的对其人格的尊重和对生命的敬畏。

　　最后，热心为患者服务，是李雁精神的具体表现。作为医务工作者，我们所服务对象就是前来寻求治疗的患者，我们应该如何让患者在寻医的过程中不仅得到疾病的治疗，还有患者精神心灵上的慰藉，甚至是对生活充满希望，这是提升我们医务工作者服务质量所值得思考的问题。从人类诞生到当代社会，科学的发展可以说取得了长足的进步。即使是医学高度发展的今天，很多疾病我们都还没有找到治愈的方法，甚至少数疾病到现在还无法确诊。医学的进步使得许多非医疗专业人士仍然停留在非常古老、落后的观念阶段，而网络和媒体的发展又使得另一部分非医疗专业人士对医学知识一知半解，对医务工作者的职业误解扭曲，这样的观念和认知落差不仅直接影响了我们医务工作者和病患及其家属的交流沟通，还有患者本身对治疗的预期，进而影响到病人的预后和康复情况，甚至引发医疗纠纷。纵观近几年的医疗纠纷，大部分都是医患双方存在沟通和认知水平、治疗预期上的差异所导致。李雁教授虽然日常工作繁忙，但还是对每个病人亲自进行病史问诊，详细了解病情的发展。这样负责任的态度不仅是对患者负责，也是对自己神圣职业的负责；同时也让患者在心理上得到安慰，心态得到放松。众所周知，肿瘤病人的心理状态对其治疗、预后有着很大的影响，良好的心态可以帮助患者积极面对自己的疾病，抗击肿瘤，以获得更高的生命质量。对于患者的心理状态进行调整没有固定的方法方式，但是李雁教授无疑进行了成功的尝试，并取得了很好的效果。我们注意到，在网络资讯异常发达的今天，互联网上关于保健、疾病、肿瘤的各种文章可谓良莠不齐，作为专业人士，我们有责任和义务对患者的具体问题进行科学讲解，将科学的医学观念用通俗易懂的语言传授给患者。这个过程当然需要旺盛的精力、持久的耐心，丰富的知识背景，但是支撑我们来完成这些的恰恰是我们对患者仁心和充分的尊敬。李雁教授就是用最通俗易懂的画图形式让患者明白自己的治疗方案和术中课中可能出现的情况，让病人充分了解自己的治疗方式，维护了病人的知情权，同时提升了我们的医疗服务质量。我认为我们检验科的工作也是这样的。比如，我所在的检验科细胞遗传专业从事的是遗传学检测工作，常常有患者会向我们进行遗传咨询，如何将高深的遗传学问题简单讲明白也是我们工作中的一部分。受到李雁教授的启发，我们现在也常常给患者画家族系谱图，画减数分裂图，甚至是孟德尔经典遗传理论的简图，我发现在实际工作中，像李雁教授这样画图的方法特别好用，一下子就可以让患者明白。再比如我们门诊检验科这样的服务窗口，每天会遇到数万次相似的咨询，如何在简单重复中做到不厌其烦地优质服务也需要我们去思考。因为虽然我们的日常工作流程都是遵照科学严谨的方式来设计，但是患者作为非专业人士并不熟悉也不太了解。对于具体的某个患者而言，他们需要医生们的解答，需要医生们的"啰嗦繁复"。同时我觉得患者需要的不仅仅是一个机械化的答案，更多的是一个心理安慰，这个时候如果我们以饱满的热情，温柔的态度，通俗的言语去解答他们的问题，那么应该来说很多小的医患争吵会消弭于无形。我们每一位医务工作者都应该为提升我们的服务质量，提升医务工作者的公众形象，维护良好的医患关系，构建和谐医患社会体系做出自己的最大努力。"健康所系，性命相托"，作为一名医务工作者，我们懂得责任重于泰山，工作中时刻牢记着规范操作与安全医疗。在医院经常可以看到医生的施救使濒临死亡边缘的患者转危为安，让悲痛欲绝的亲朋好友喜极而泣！让病人活出了生命的质量，让一个又一个家庭的希望之火复燃。即使是对于临终的病人，我们宁养院也在努力让其安宁地、有尊严的离去……我作为中南医院的一分子感到无比骄傲和自豪！我们每一个人对工作满怀敬畏，对患者充分尊重。因为心中有爱，我们干劲十足地在实验室内挥汗如雨；因为心中有爱，我们不厌其烦地向患者答疑解惑；因为心中有爱，我们在面对各种误解甚至是侮辱时却无怨无悔。因为我们的存在，让患者在危急时分少一份痛苦，生命多一份保障，人间多一分希望！"大医精诚，敬畏生命"，这是我们中南医院的院训，也是这里快乐工作的每一个人在忙碌和奔波的途中想起来就倍感振奋的格言。正因为前有感动中国的桂希恩教授、现有李雁教授这样的"人民好医生"使得我们的院训熠熠生辉！我们要以先进人物为榜样，以无私奉献来书写大医精诚，以身体力行来恪守敬畏生命。我们要饱含热情地工作，全身满满的正能量！我们，就是这样一群时刻追求卓越的医者；我们，时刻保持对生命充满敬畏的仁心；我们，永远守护生命！

【作者：武汉大学中南医院检验科赵利娟；编辑：王晓惠】

8. 以李雁教授为榜样，为病人提供贴心的临床药学服务

李雁教授作为我院肿瘤外科首席专家，多年来主要从事肿瘤转移复发的研究和治疗。从医 25 年来，每次接诊病人时，他在与病人沟通的过程中从来不吝讲解，他为了帮助病人理解病情，不仅会耐心而细致地向病人讲解病情或手术过程，他还养成了一个习惯：总是随手带着纸笔，一边讲一边画，犹如一名"速写师"，累计画了万余张草图，被誉为"草图医师"。他医术精湛，坚持不懈寻找与癌症抗争的科学真谛，为许多重症癌转移病人赢得生机。李雁教授是中南医院医务人员中的杰出代表，我们临床药学研究室的工作人员应该从以下几个方面努力。

（1）向李雁教授学习，从点滴做起，践行卫生系统的核心价值观

我认为：李雁耐心细致给病人讲解，画示意图，让病人享受充分的知情权，是同行们学习的榜样。李雁用善良之心、责任之心、担心之心阐释爱岗敬业的社会主义核心价值观，做到信念坚定是根本，全心全意为人民服务是宗旨，崇尚医德是本色，清正廉洁是底线。对疾病认知的不对等造成很多医患矛盾，如果每个人都真正立足自己的本职工作，做到极致，在平凡工作中践行"大医精诚、救死扶伤"的卫生系统核心价值观，就能够从根本上解决医患矛盾，和谐医患关系，达到向李雁教授学习的效果。

（2）坚守药师岗位，做一名优秀的临床药师

药物不合理应用现象比较严重，造成药品不良反应和药害事件时有发生，不合理用药直接导致了医疗保健费用的急剧增长和加剧了医患矛盾。临床药师深入临床，开展药学服务，指导合理用药，使用药安全、有效、经济。由于受到多种因素的限制，我国临床药学的发展还面临着一些问题。如临床药师资源的匮缺；社会对临床药师工作的认可；医师与临床药师工作的配合；临床药师与病人的沟通；临床药学服务与医院利益之间的矛盾等。要解决这些问题，国家政策要加强支持和引导，制定相关法规，支持临床药师工作。下面就如何做好临床药师工作，缓解药患矛盾，谈谈自己的看法。

明确临床药师工作内容：临床药师工作内容主要以下几点：一是制订个体化给药方案：通过参加查房、会诊、体内药物浓度监测等，根据病

情、病理生理学、药理药效学、病原学以及生化检验资料数据等，参与对典型病例个体化给药方案的制订，并协助方案的执行、修改与评价。二是重点病例的药学监护：药师参与会诊抢救或提供了个体给药方案的重点病例，必须深入病房，面对病人进行监护，观察病情变化，药物疗效，不良反应情况等，并认真阅病历及治疗记录，进行疗效评价，必要时提出修正用药方案建议，直至病情稳定、个体化治疗方案结束并转入专科常规治疗后方可结束重点药学监护。三是开展治疗药物监测（TDM）：临床药师应根据实验室体内治疗药物浓度监测结果，深入临床进行数据解释，需进行用药方案调整的病例，应在认真查阅病历与观察病情后，协同医师重新修订给药方案。四是开展药物不良反应（ADR）监测工作：收集、整理、分析药物不良反应，填写药物不良反应报表，及时上报上级单位及"全国不良反应监测网站"，并协助医师处理严重的不良反应，包括向病人进行解释。五是开展药物经济学研究：如采用最小成本分析、成本效果分析、成本效用分析、成本效益分析等分析方法，选择最佳的疗效费用比，以降低医疗费用，减轻病人经济负担。六是提供药物信息服务与咨询：向医师、护士、病人提供有关药物咨询服务，宣传合理用药知识。七是建立病人药历：全面、客观地记录病人药物治疗的全过程，并对病历中用药情况进行分析、评价。八是定期编写"药讯"：搜集本专业各种文献资料，及时了解国内外药品发展状况，结合临床，编写"药讯"。为临床科室合理、安全、有效地用药提供参考。通过以上工作，使病人得到更好的就医和治疗体验，在病人的药物治疗中获益，从而为缓解药患矛盾和医患矛盾做出贡献。

提高临床药师综合素质：药物治疗直接关系到病人身体健康和生命安危。这就决定了临床药师必须是高素质的人才。体现在医药专业知识、协调关系能力以及沟通能力、心理学等多学科知识的掌握和应用，临床药学已成为一门药学与医学、社会学、法学、经济学、心理学、教育学、管理学等学科相互交叉、渗透，内容丰富的综合性药学学科。我们只有不断学习、不断实践、不断进取才能提高自身素质，能够很好履行自己的职能，从而获得病人对药师工作的认可，使得病人满意。

筑牢临床药师一切为病人服务的理念：临床药师必须坚持为病人服务

的思想，一切为病人着想，具有强烈的社会责任感和高尚的职业道德，努力提高药学服务质量。我们要在工作理念、工作方法、工作途径、工作领域等牢固树立"以病人为中心"的思想，建立"以病人为中心"的工作路径，才能通过我们临床药师的到位服务，使病人得到满意的临床药学服务，提高病人对我们临床药师的满意度，进而提高病人对医院的满意度。

我们要像李雁教授那样，心中时刻装着病人，我们才能真正成为让病人满意的临床药师。

【作者：武汉大学中南医院临床药学研究室杨坤；编辑：方世平】

三、护理人员心目中的李雁教授

1. 点燃生命重生的火焰

"既要有内科医生的思维方式，更要有外科医生切除肿瘤理念，还必须具有医技科室如影像等科室医生的技能。"这就是对从医 25 年、中南医院肿瘤二科主任医师李雁教授的精准概括，也是他对科里医生的要求，更是他多年以来对自己的要求。

（1）智欲圆而行欲方，胆欲大而心欲小——孙思邈

腹膜癌一直是肿瘤治疗学中的"老大难"问题。"老"是指这个问题由来已久，"大"是指受危害的患者群体大，"难"是指一直缺乏满意的治疗措施。对此，李雁教授却决定要攻克这个堡垒。"实际上，从腹膜癌发生到发展为终末期的过程中还有若干个关键点，如果找到这些关键点并且采取有效的干预措施，病人的生存期就能够大大延长。"李雁说。通过肿瘤细胞减灭术（CRS）加腹腔热灌注化疗（HIPEC）技术的使用，使胃癌腹膜癌患者的平均生存期从 6.5 个月提高到 11 个月，结直肠癌腹膜癌患者的平均生存期从 8.5 个月提高到 13.7 个月。

他视病人为亲人，把挽救患者生命、减轻患者痛苦作为最大的心愿，他和他的团队耗时 8 年，总结分析了上千份病例，最终探索出一个简单易行的诊断办法。"简单到什么程度呢？普通的乡镇卫生院就可以做。"李雁说，12 种肿瘤标志物的检查被优化成 3 个，近千元的检查成本被降到仅

240 元，诊断效率和准确度却大大提高。经多年推广，这种做法已被肿瘤学界认同。同时，他还研究改进了 CT 诊断技术，只花 540 元就达到了 8000 元 PET-CT 的效果，大大减轻了患者的负担。"当医生心里时刻装着病人，哪怕为病人节省一分钱都要去做"的行医准则，深深震撼了我，让我明白了护士的价值和"天使"背后的无私奉献，明白了头戴燕帽，身着白衣的意义。每天我都以微笑、愉快的心情投入工作，就算遇到困难，我也决不退缩，就这样日复一日在病区不停地穿梭忙碌。当给患儿穿刺，一针见血时，心里是快活的；当患儿被黏痰阻塞呼吸道，为其疏通，心里是舒畅的；当为患儿高热耐心做温水擦浴，体温终于恢复正常时，内心是惬意的。当看到那一张张由陌生到熟悉的脸，由入院时的无精打采到出院时的神采飞扬，我感到一种欣慰。作为一名平凡的儿科护士，我不求感谢，不求回报，更不求鲜花和掌声，只望他们身体健康，一切安好。

（2）以实待人，非惟益人，益己尤人——杨筒

由于病情的复杂、疑难、危重，再加上治疗过程的漫长，肿瘤病人及家属无论从心理、生理、经济上都承受着巨大的压力。焦虑的情绪，再加上医学知识的缺乏，在诊疗过程中，与病人的沟通就显得尤为重要。"每个病人你都将他当做你们的父母和兄弟姐妹，做任何决定之前先问个为什么，效果怎样，副作用怎样，就可以避免很多错误。尽管医生都很忙，但多花点时间与患者沟通，值得。"李雁说。从医 25 年来，每次接诊病人时，他不仅会耐心而细致地向患者讲解病情或手术过程，为了让沟通更直白，他还养成了一个习惯：一边讲一边画，犹如一名"速写师"，日积月累已经自绘一万余张"病情草图"和十几本"病情分析图"。通过绘草图来讲解病情，介绍手术方案，并不需要多么精湛的绘画技巧，只需要对患者保持足够的耐心和细心，倾情回应病人对自己病情和医治过程的关切，在医患之间架起了一座和谐的沟通桥梁。

通过这次在全院开展学习李雁教授精神的活动，对我们儿科护士来讲，真的受益匪浅。俗话说："金眼科，银外科，哭哭啼啼小儿科"，面对只会哭闹而不会表达和配合的小儿，我们除了具有丰富的理论知识，熟练的操作技能外，还必须有良好的沟通能力。患儿入院时，家属的心情本来就异常焦虑，如果家属向护士咨询了解患儿护理方面的知识，护士没有很

好给予回应，那么一场唇舌之战，甚至医疗纠纷就不可避免了。因此，同情心和同理心在护理工作中就显得尤为重要，我科自学习李雁教授精神，加强对在职护士的人文护理及行为礼仪培训后，全科护士强化了如何正确与家属进行沟通的技巧，树立了从内心真正热爱儿童护理事业，全心全意为患儿服务的理念，落实在具体的工作中去，使出院患者满意度从89.7%一跃上升至94.6%，科室全年无一例医疗纠纷，大大提升了科室及医院的品牌形象，达到了患者满意，医院满意，社会放心的三赢局面。

（3）见贤思齐焉见不贤而内自省也——孔子

李雁把"让患者取暖"视作医生的最高境界，也当做自己终生追求的理想。而我作为一名普通的护理工作者，更需要以李雁教授的精神来指导我们的日常工作。

众所周知，静脉穿刺术及疾病相关护理一直是低年资护士工作中的头等难题，针对此，护士长及科室高年资的老师采用一对一的教学手法，亲身指导我们工作中遇到的难题，有时甚至牺牲自己的休息时间亲身传授我们基本功及护理的新技术，在多次的练习中，不断提高我们的穿刺水平，降低穿刺失败率，减轻患儿的痛苦；而对于特殊疾病的相关护理，则是组织小讲课，查阅相关文献，了解近3~5年该疾病的最新护理方法，扩大我们的知识面，调高我们的临床观察灵敏度，让我们能早期发现病情的变化，为医生的诊断与治疗提供依据，更好地为患者提供优质的服务。

在护理工作中大力倡导为患者提供人性化优质服务的今天，塑造与时代要求相匹配的护士角色是一个医院形象的重要组成部分，愿我们的每一位医护工作者都能充分学习李雁精神，在构建和谐医疗服务，和谐医院的工作中做出自己应有的贡献！

【作者：武汉大学中南医院儿科王艺诺；编辑：方世平】

2. 锋利细腻的手术刀给我的启示

腹膜癌是一种恶性程度很高的疾病，多发生于胃癌、结直肠癌、卵巢癌等恶性肿瘤在腹腔内的散播转移，在医学界长期被认为是癌症晚期，是一项治疗难题，患者的平均生存率只有6个月。

"腹膜癌一直是肿瘤治疗学中的'老大难'问题。'老'是指这个问题由来已久，'大'是指受危害的患者群体大，'难'是指一直缺乏满意的治疗措施。"中南医院肿瘤科李雁教授介绍，腹膜癌的典型代表是胃癌、结直肠癌、卵巢癌等肿瘤转移所形成的肿瘤。在我国，每年腹膜癌发病人群有 30 万~40 万。我院李雁教授和他的研究团队在 10 年时间里，针对腹膜癌进行了系统研究，用热灌注化疗的方式来对付这种难治肿瘤。随机对照研究表明，细胞减灭术加腹腔热灌注化疗能使患者生存期显著延长 60%以上。

李雁教授说，没有热灌注化疗技术，对患者腹腔、盆腔内散在的癌细胞毫无办法。因为手术很难将散在腹腔内的癌细胞清除干净，而普通化疗药物很难透过"腹膜-血液"的屏障，故疗效欠佳。而将热灌注化疗技术与外科手术结合，效果非常好。通过外科手术切除肉眼可见的肿瘤组织，再通过热灌注化疗，化疗药物在高温下将药效提高 50 倍，穿透杀死癌细胞，清除体内微转移癌和游离的癌细胞，实现细胞学上的根治。患者术后可不用再做化疗，或只做小剂量化疗，3 年生存率可提高到 80%以上。但由于这项技术手术范围大、切除脏器多、技术要求高、历时时间长，对医生的技术要求颇高。

找李雁教授看病的患者很多。但李雁教授身上丝毫看不到大专家的架子，脸上写满了山东人的敦厚。对每位患者都认真负责、不厌其烦，是李雁教授给人最深的印象，他总是耐心解释病情，一边说还一边画图，帮患者分析各种治疗方案的利弊。

李雁教授说，每位肿瘤患者或家属心情都很焦虑，给他们详细解释病情，耐心介绍治疗方案，能帮助他们缓解焦虑。对于医生自己来说，让患者和家属详细了解医生的治疗方案，有利于配合医生开展治疗。"人们恐惧黑暗，是因为不知道黑暗中有什么。肿瘤患者也是如此。"李雁说，谈癌色变是公众的普遍心态。要让病人放下心理包袱，积极配合治疗，医患沟通必不可少。摸索多年，李雁发现，在与患者和家属沟通中，画一张简洁易懂的示意图是最有效的方式。

为患者手绘草图讲解病情，这已成了李雁教授的职业习惯。无论是坐诊还是查房，他总习惯拿着一个小文件夹，里面夹一叠白纸，胸前衣兜里插着一红一黑两支水性笔。

　　50岁出头的李雁回忆说，他第一次也是第一年接诊一名外省农村来的大肠癌女患者，在文字语言不通，交流十分困难的情况下，他开始掏出笔在纸上画下病变部位和手术方案，让他高兴的是，那名女患者很快就明白了。发现画图效果不错后，李雁慢慢形成了"既动口又动手"的习惯，并且不知不觉一画就是25年，基本上每接诊一名患者，少则画一两张，多则画十余张，粗略推算累计超过1万张，"我画这些草图纯粹是为了讲解病情，比较潦草"，用他自己的话说。

　　"医生有义务让病人清楚地了解自己的病情和治疗方案，不能用专业术语来敷衍他们。"李雁说，每位肿瘤患者和家属压力都很大，耐心介绍治疗方案，可以缓解他们的焦虑，也有利于他们配合医生治疗。

　　方敏是李雁教授的博士研究生，在她看来，自己的导师是一个真正的转化医学推动者。"老师常常告诉我们，做好科研的前提是做好一名医生，这样才能基于临床需要做研究，缩短研究成果和临床应用之间的距离。"

　　"医学科研不能追求华而不实，而应该脚踏实地，强调以患者需求为中心，同时充分考虑到我们的国情现实。"李雁教授说。

　　"如果医生仅从临床医学出发，关注的就只是导致疾病的原因，而患者在遭受疾病折磨的同时，会产生很多心理问题。关注病灶是治病的前提，关注患者的感受和情绪，才能救人。"

　　术前的李雁教授在麻醉准备好之后准点到达手术室，当然除了术前重点病人早查房之外，李雁教授还会耐心地询问家属和患者，一个眼神，一句关怀都莫大地安抚着焦虑的情绪以及对生命的期待。

　　手术台上的李雁教授没有架子，很是平和。在手术开始前他会关切地问同台护士，有没有吃饭，准备工作做好没有，细微之处可见一颗博爱的心。因为每个环节的耽搁都是都是在与时间和生命赛跑。李教授希望大家能调整好最佳状态，用心去拯救每个生命。

　　在手术中，李雁教授一丝不苟，他高标准的要求是对病人的负责任。在一些疑难病例时，他还会请同科室的其他教授来会诊，同心协力处理难题。腹膜癌手术的难度很高，但是李雁教授从未退缩，总是想方设法为病人解忧，并且将各种可能性都考虑到，减少术后风险。

　　犹记得，一位感染艾滋的患者在辗转多个医院后，找到李教授。所有人听到这两个字都是望而远之，手术开始时他安慰病人道"别怕，手术时我陪着你。"这一幕让所有在场的医护人员为之动容。在穿好一切防护服，面罩还有鞋套后，一场十几个小时又或者更久的手术开始了，对于李教授来说下班时间永远是个未知数。而此刻台上有条不紊的配合和李教授稳健的声音伴着呼吸机和各种监护仪的声音，却继续弹奏着生命的篇章。也就是这样，站在那里十几个小时的李教授不知疲倦地和医生护士们奋斗着，也就是这样言语不多仔细检查每一处器官的李教授，在大家眼里是发着光的，手术中会有很多的电话，都会听到李教授转达巡回老师，"请告诉我的病人我正在手术，手术完会给他回电话。"这就是李教授的一天，还没做完的手术，还有不断问诊的病人。晚饭时间，家里关切地问道什么时候回来吃饭，总是能听到李教授说"还在手术，先吃不用等我。"这样一位五十出头的教授担负着对生命的责任，对患者的责任，对家庭的责任，更是对社会的责任。腹腔化疗的间隙，他拿着手机耐心回复着患者后，忽然瘫坐在地上，有时却又疲惫地躺在了地上，这画面让人心疼。手术情况很复杂，耗费心力。

在一天的手术结束后，大家都很疲惫，李雁教授还会自掏腰包请助手、护士吃饭，他自己常常来不及吃饭，因为还有很多病人在手术室门口等着他。

李雁教授画图的习惯不只是对病人，有时护士们不清楚他手术准备怎么做，他也会简单几笔，将手术流程讲解清楚，所以一台手术下来，不仅是对我们身体的考验，对我们临床解剖以及更好地配合手术提供的宝贵的学习经验。作为一名手术室的护士，作为肿瘤手术专业组组员，一天的手术下来也很是疲惫，但休息之余便掏出随身携带的小本，随时记录下当日手术的配合以及处理情况，更完善地要求自己，就如同李教授随身携带的红蓝笔一样。术前详细复习解剖对于术中情况的复杂，要求我们对当前的手术需求作出判断，同时预料可能发生的潜在风险和情况以便及时应对，并提前告知巡回老师做好相应的物品或者抢救准备。这就要求我们在术前一天访视病人，了解患者相关病情，并帮助其缓解紧张情绪，更重要的是人文关怀和术中无缝隙护理，才能像李教授一样温暖每个病人的心。这样的沟通、学识、还有高尚的医德将作为我日后工作和学习的榜样。手术室的工作看似只是配合医生手术，但其工作强度和变化却是对我们平时学习的莫大考验。虽然手术室是一个不允许犯错误的地方，但我爱着我的工作，我敬佩生命的伟岸，更愿意像李教授一样用自己的知识、勇气以及对生命执著的态度，耐心呵护浇灌生命。

李雁教授通过绘图讲解病情表达了对患者知情权的尊重，减少了医患间的猜忌和误解。我们要学习李雁教授关爱病人、以人为本的大医情怀；学习他耐心细心、矢志不移的工作态度；学习他尊重患者、热爱生命的职业操守，牢固树立以病人为中心的服务理念，努力实现精湛医术与优良医德的完美结合。

【作者：武汉大学中南医院手术室李俊；编辑：周春华】

3. 李雁教授给我上的一课

自我从一个懵懂少女步入到护理行业，在我内心深处，我一直梦想着想要为之付出青春、实现梦想的地方，就是武汉大学中南医院。它有着美丽清雅适宜休养的环境，引领医学潮流前沿的技术，享誉盛名赋予爱心的团队。在这里，无数优秀敬业的医务人员便是"大医精诚，敬畏生命"最好的诠释。他，李雁教授就是中南医院的杰出代表。

从医 25 年来，李雁教授每次接诊病人时，不仅会耐心而细致地向患者讲解病情或手术过程，为了让沟通更直白，他还养成了一个习惯：一边讲一边画，犹如一名"速写师"。面对腹膜癌这一肿瘤界公认的"老大难"问题，他没有选择绕道而行，经过十几年的努力，终于将患者的生存期平均延长了 60%。他是我们每一个医护人员学习的楷模，我们要学习他爱岗敬业，立足岗位，把工作做到极致；学习他珍爱生命、心系患者的高尚品德。学习他对事业勤勤恳恳、鞠躬尽瘁的奉献精神；学习他对医术一丝不苟工作作风；学习他刻苦钻研、严谨治学的科学态度；在人民心目中：他敬业、诚信、友善，他是人民的好医生。他医德高尚、医术高超，勤于学习、善于实践、勇于探索、敢于创新，在超越中创新。

古人曰："夫医者，非仁爱之士不可托也，非聪明理达不可任也，非廉洁淳良不可信也。"唐代医药学家孙思邈在《备急千金方》中说："无德不成医"、"大医精诚"影响了几十代医务工作者，教育熏陶了无数的良医、名医。2014 年 4 月 11 日李雁教授从前一天下午 3 时开始，他一直在抢救一位卵巢癌腹膜转移患者，回到办公室，他疲惫得瘫坐在椅子上。看到尾随自己而来的患者父亲老夏，李雁教授开始讲述手术情况："肿瘤转移到了肝膈肌、肠系膜，但已经被我们一颗颗全部切除……"他认为医务人员有义务让病人清楚地了解自己的病情和治疗方案，不能用专业术语来敷衍他们。每位肿瘤患者和家属压力都很大，耐心介绍治疗方案，可以缓解他们的焦虑，也有利于他们配合医生治疗。

作为心内科的一名护士，我常常听到病人问：护士，做冠脉造影疼吗？有什么伤害吗……而这个时候或许我们在忙，或许我们觉得这些问题无关紧要，而李雁教授让我明白作为一名医务人员应该关注患者的感受和情绪，站在病人的立场耐心地解释这一系列自己能够解答的问题，碰到无法立即解答的可以告诉他途径而不是随便敷衍。在日常护理工作中，对于病人的问题，不管是多大，我都应该尽量去寻求解决方法，而不是机械地做完每天的输液、发药就没事了。李雁教授告诉我们所谓大医精诚就是：做好小事、品味平凡、拒绝平庸；敬畏生命是：感同身受、一视同仁、换位思考。

当今医患关系紧张、医疗纠纷增加，原因是多方面的。其中一个重要原因是医患之间缺乏信任、缺乏沟通、缺乏相互理解，不能换位思考。和谐的医患关系是同志、朋友、亲人之间的关系。患者有病投医，是相信医生，医生应该忠实地为他们服务，减轻他们的痛苦，减少他们的负担，绝大多数病人对医务人员会抱有感激之情。反之，如果医患之间缺乏感情交流，则会使患者增加生理、心理和经济负担。因此，医患之间的沟通应该加强心灵沟通和感情交流。医务人员要转变服务理念，提高医疗质量，尊重病人，理解患者，设身处地为患者着想，把病人担心的问题讲清楚、说明白，帮助患者选择既保证医疗质量，又能够减少费用支出的治疗方法。李雁教授曾教育我们作为一名医务人员要会说，会想，会写；要能吃亏、吃苦；灵魂世界要达到思想对等及数字对等。李雁教授把医学知识大众化，正是因为如此，他建立了一种和谐的医患关系。

护理工作中，我的观念一直停留在功能制护理模式上却不注重与患者的交流，这样容易造成护理质量不能保证，患者也容易出现违医行为，如未按规定服药，做完治疗擅自外出等，在往后的工作中，我会尽量加强与病人之间的沟通，比如服药方面，我会执行给药操作规程，按时给患者服下，并亲自照顾其服下，对于自服或是出院后需继续服用药物者，认真做好服药指导。输液时做好用药指导，尤其是对一些特殊要求的药物，如硝酸甘油等一定交代患者不能着急调节输液速度，并向他们说清原因和后果。病人入院后合理为其安排各项检查，检查前告知其注意事项。介入手术患者做好其健康教育及安全护理工作。

2003 年，李雁教授通过文献发现热化疗对控制腹膜癌有一定效果，但当时国际上还鲜有临床实践。为了探寻治疗效果，李雁教授在动物身上做实验，成功后于 2003 年首次运用到患者身上，首位患者经过治疗存活了 3 年。该成果在全球肿瘤学界引起了轰动，获得了美国临床肿瘤学会 IDEF 奖和 ASCO 国际发展与教育奖，成为我省首位获此殊荣的医生。医疗服务具有高技术、高风险的特点。由于人体医学的极端复杂性，人类还不能完全战胜各类疾病，治疗中也有发生意外的可能，医学进步是一个不断探索和发展的过程。现在采用的技术都是无数医学前辈甘冒风险，孜孜以求，辛勤努力，不断钻研的结果。

目前，医学和临床实践中还有许多未知的领域等待我们去探索。作为护士，我们做不到像医生那般对治疗起着决策性的作用，但内科疾病多成慢性而易反复，所以内科护士的精心和精确护理在整个治疗中也是十分重要的。所以我们能做的也很多，我们应该掌握扎实的理论知识和精湛的护理技术并积极思考。我会不断努力学习护理知识及专科相关知识，逐步精通护理技术，对患者的疾病有一定的认识，并熟悉相关治疗药物的作用、副作用，严格而准确地执行每一步医嘱。为患者提供最正确的护理和指导。

正如杨有旺书记所说：李雁是社会主义核心价值观的优秀践行者，他所做的一切是那么的平凡，却真挚而伟大。通过学习李雁的先进事迹，再一次领会到践行社会主义核心价值观的深刻要义：信念坚定是根本，全心全意为人民服务是宗旨，率先垂范是关键，崇尚医德是本色，清正廉洁是底线。他让"大医精诚、救死扶伤"的精神更加深入人心。在未来的道路上，满怀着崇敬之情，我们会学习李雁教授，用善良之心、责任之心、担心之心阐释爱岗敬业的社会主义核心价值观，立足自己的本职工作，做到极致。我们立志抱着不断求精的精神和抱负，对病人视如己出，对生命抱着无限的崇敬。

【作者：武汉大学中南医院心内科李清琴；编辑：方世平】

4. 青春年华，生命相随

他——
25 年的青春默默无闻
25 年的青春却热血沸腾
万张简图功成名就
但依旧坚守岗位恪尽职守

他忽略了富贵、名利
却执著地延续一个个珍贵的生命
他在意了救死扶伤
却忘记了青春流逝的可惜

他将清晰的言语、明了的图案留给了患者
却将繁琐留给了自己
为了拉近患者的距离
他花了更多的时间与精力

多少声谢谢——表达对他的感激
多少篇文章——赞扬着他的医德
但，他脸上依旧是淡定、从容的表情
默默地守着属于他自己的职责

那些，他用一生的旅途积攒的宝贵经验
那些，他用潇洒的文字书写的经典文章
那些，他用言传与身教带出的优秀学生
那些，他用青春与年华挽救的珍贵生命

那一刹那
觉得所有付出都心甘情愿
那一刹那
青春年华，生命相随

假如，他是绿叶
他用一生衬托了鲜花的美丽
为医院的发展建设
持续地添砖加瓦

假如，他是鲜花
他倾尽全力结出饱满的果实
为医疗事业的进步
漂亮地锦上添花

假如，他是大树
他全心全意让自己枝繁叶茂
为挽救更多的生命
热忱地救死扶伤

假如，他是泥土
他默默无闻地滋润着幼苗
为培养优秀下一代
甘愿倾囊相授

他就是武汉大学中南医院肿瘤科主任医师李雁教授，不求大富大贵，但总在病房见到他忙碌的身影，匆匆的步伐；
没想过盛名远播，但总能见到他才华横溢的文章；
未奢求流芳百世，但总是听到他对患者不厌其烦的解释与沟通。

他用自己的一言一行实践着一个医生的诺言；
用自己的方式激励着患者，用自己的言行谱写"大医精诚、敬畏生命！"

我——
我，是一朵盛开的夏荷
未经风霜，青涩已去
亭亭盛开
却未领悟生命的真谛

多少个忙碌的日子我也曾抱怨
多少个值班的夜晚我也曾害怕
多少个生命的终止我也曾恐惧
多少个青春的流逝我也曾惋惜

曾经，对于生命
似懂非懂
对于救死扶伤
深感无能为力

而今，对于生命
却感平常
生命消失的数字积累
惋惜的情感慢慢淡漠

年轻的我
稳重不足，浮躁有余
机械繁琐的工作
总是容易忘却了白衣天使的意义

年轻的我

感恩不足，抱怨有余
平淡简单的生活
总是容易忘却了身体健康的幸福

年轻的我
责任不足，粗心有余
熟练反复的操作
总是容易忘却了延续生命的重要

年轻的我
年轻的我们
是否开始真正的领悟
生命的真谛

年轻懵懂的我们，不明白生命的沉重，忙碌的工作让我们忘记了去欣赏生命存在的美丽。
总是向往美好的天堂，却忽略了身边漂亮的风景。
而饱受病痛折磨的患者，行走在生命边缘的他们，却最深刻地明白生命就是最珍贵的东西。
李雁教授用自己的行为向我们阐释了生命的意义，存在的价值。
而我们，身着白衣，守着南丁格尔的承诺，是否倾尽全力做到更好？

因为——
因为有他
我们再次思考
在麻木的思绪中
挑起珍爱生命的情感

因为有他
我们重新反省

在熟悉的工作中
燃起挽救生命的热情

终于，我明白
柔声细语可以安慰患者的心灵
匆忙的脚步让他们更快地减轻痛苦
耐心的解释可以减轻他们恐惧的思绪

也许，青春不肯，也不会为谁停留
但是，我找到了生命前进的方向
将努力地用自己的力量
去创造一个个生命的奇迹

这时花开
炫目夺丽
我用青春的朝气
去安抚每一个受伤的心灵

那时结果
硕果累累
我用生命的价值
为充实的人生画上完美的句号

社会对弱势群体的保护，对医护人员的挑剔，让很多人失去了对这份职业
的热爱，责备、谩骂、殴打让我们的同事变得冷漠。
忙碌，繁琐的工作磨去了我们的耐心。
李雁教授的事情让我们自我反省，为何他能 25 年如一日地坚持，是信念、
信仰还是身为一个医者的诺言？
而我们，是否真正地在用心对待我们的工作，我们的患者。
己所不欲、勿施于人，是否我们有站在患者的角度去为他们思量。

如果，我们做好自己，哪怕责备、哪怕谩骂、哪怕殴打，我们也能无愧于心，无愧于我们的职业。

如果，这个社会每个人都能做好自己的本分，再用真心对待身边的人，那么，世间一定会多一份和谐，少一份分歧。

"爱心、关心、耐心、细心"好像字字都容易理解，但做起来并长期坚持确是一件很难的事情。因为李雁教授，我们也该好好思虑。

对于白衣天使，有很多的赞美，也有很多的责备，他们的工作总是存在争议，且不评论对错，但求做好自己。

人性本善，也许我们做的不是最好，但请相信，我们的心如同你们一样善良，年少的我们也许不谙世事，但一样善良美好。

也许，我们还没真正地领悟我们的服务是延续生命的意义，但我们的心情是纯粹的。我们把青春洒在这里，那也请给我们时间让我们成长。

不管世间如何争议，在我们身边总是层出不穷地出现很多优秀的白衣天使。

他们能感染身边的每一个人，让每一个人都心悦诚服。我们都知道将来有一天，时间都会夺走他们的青春，但是他们却并没有后悔，因为，一路以来生命相随！

我希望
将来的我继续平凡简单
但心中热情洋溢
服务每一个生命

我希望
我能用我的双手
发挥我的技能
去抗衡每一个患者的病魔

我希望
每一天都有美美的笑容

美美的心灵
带给患者安详与平静

我希望
因为我的存在
能与患者用心沟通
用情交融
我希望，
我们的医院——武汉大学中南医院
能成为医学界典范
成为患者安心的天堂
"大医精诚，敬畏生命。"
因为李雁教授的存在，让我更加深刻的领悟了这句话的含义。
将来，我也希望用自己的双手去创造生命的奇迹，用自己的言语去鼓励每一个患者战胜病魔，用自己的真心去感悟每一个生命存在的喜悦。
未来的某一天，当我回想，希望有值得自己回忆一生的感动，有值得自己不言后悔的过往。
会在我青春的岁月里，有一个个鲜艳珍贵的生命一路相随。

【作者：武汉大学中南医院胸部肿瘤科祝红；编辑：周春华】

5. 最美的绿叶

在我身边有这样一位医生，从医25年来，他用自己手中的笔杆勾勒了上万张草图，虽然在美术界没有引起一丝一毫的轰动，但却温暖了无数患者的心。

寥寥数笔，只言片语，让患者和家属觉得身临其境般地目睹了那场即将展开的手术，冰冷的麻醉手术室外的走廊上，那一颗颗悬着的心也终于有了着落。因为他们知道，里面的战争虽然残酷，却有一位一丝不苟，游刃有余，手到病除的医者在领导着这场战争。

病房里，当患者一次又一次说感谢他的救命之恩的时候，他从来都是那句：这是我们应该做的事情。

一句发自肺腑的感激，凝聚着一种信任，一种认可，可在他看来却是责任，是本分。

甚至直到今天，赞美他的文章铺天盖地，汗牛充栋，他依然在那里一丝不苟地工作着，看不出丝毫"上头条"的喜悦。从容，淡定的脸上没有丝毫的得意或是松懈，或许在他心里，他就是那么一个普通的人，普通的学者，普通的医生，普通的老师。

这不正像那一片片默默无闻的绿叶么？

不想惊天动地，不求飞黄腾达，不愿大红大紫，只默默地在那里做着自己，不曾刻意去追求什么，却让人觉得那样亲切，重要，不可或缺。

当这片绿叶散发出他的光芒时，我们都觉得震惊，却又觉得理所应当。他就是我们的李雁教授。

在李雁教授的眼里，每次的手术不是一次简单的操作，而是一个生命延续的机会。每次耐心的沟通是对生命的一种尊重。

而作为护士的我们是否在尊重着生命，尊重着我们的职业？

你是否依然在那里抱怨每天整理床单位很烦？机械式地测体温、量血压很无聊？核对、配药、发药一点点技术含量都没有？

你是否会认为处理病人全是医生的事情？我们只是执行医嘱。

你是否还在那里抱怨每天上班很累很辛苦？一次又一次的考试很没有意义？

可是，抱怨的你们是否知道事无巨细的真正含义。或许我们做的事情很小，但这真的不代表没有意义，差之毫厘，失之千里；千里之堤，毁于蚁穴，常常让人觉得危言耸听，但却一次一次因为小事触痛着我们的神经。

浓氯化钠注射液和氯化钾注射液长得真的很像，用错了，可能就是生命的代价；高血压在很多病人身上都不会有明显的症状，但常常会发生脑中风；病房里人多口杂，消毒做不好，可能就会造成一个病房所有病人感染。

人非圣贤，医生不可能每次都能开出精准无误的药方，所以核对医嘱真的不是只念一遍那么简单，出事了，那不是责任的问题，而是又一个生命，因为我们的疏忽大意，一个生命，转瞬即逝。

也许，每天我们在病房里忙前忙后，却很少有人会听到"谢谢"这两个字，我们在尽心尽力地做自己的事情，却常常得到的是不被理解，不被尊重，谩骂，甚至是殴打。

于是越来越多的兄弟姐妹选择了离开这个职业，因为他们觉得这个职业，累且收入不高，奋斗了一辈子还是这个普通的岗位，不能出人头地，更不可能大富大贵，大红大紫。我无法否认他们的想法，人各有志，在这里我只能祝他们越走越远，越来越好。

但留下来的我们，还要继续坚守下去，或许就是一辈子。

因为李雁教授，我似乎更加明白绿叶的价值。

因为是护士，很多溢美之词注定与我们终生无缘。

因为是护士，就注定了我们是离生死最近的职业。

因为是护士，我们今生被看到的永远是戴着口罩和帽子的面孔。

更因为是护士，决定了此生我们不会在人生第一舞台上大放光芒，熠熠生辉。

但这一切并不代表我们不重要，在这个庞大的医疗体系里，我们就是绿叶，虽不引人注意，却为这一切的一切做出了不可被忽略的贡献。

我很幸运，在大学毕业之后，能进入到武汉大学中南医院。在这样一个巨大的工作平台，我学会了很多，也提升了很多，我很感激我身边的人，在我成长道路上的每一次帮助和鼓励，也很骄傲，能和这样一群优秀的人一起，并肩携手，为守护生命做出无限的努力。

也许我们不得不承认，我们的医院，离中国最好的医院还有很长的路要走。很多人说，这依靠科研，依靠医生的手术水平，这些都无可置喙。但是我想说的是，医院的发展需要我们每一个人的努力，我们每一个人都很重要，只有我们齐心协力，排除万难，我们的医院才会高速运转，飞速发展，快速前进。以李雁教授为榜样，我也自信了自己存在的意义，我相信每天做好自己的工作，尊重生命的意义，奉献自己的努力，就是在为医院的发展添砖加瓦。

因此，当今天大家都在热议中国梦的时候，我也有一个梦想。

我梦想有一天，当我们逛街的时候，旁边一个阿姨对另一个阿姨说：生病了，去武汉大学中南医院吧，那里护士好啊，把我们当自己家里人看待。

我梦想有一天，当我们去外地旅行的时候，遇到一群大叔在为北京协和医院好还是武汉大学中南医院好争得耳赤面红。

我梦想有一天，在全国的护理学会议上，护理界的执牛耳者们大声疾呼：大家有时间都去武汉大学中南医院学习学习吧，那里有中国最好的护理规范。

有人说我是做白日梦，可我觉得不是，要是我们都追求自我的出名，那肯定不行。可要是我们都能像李雁教授那样，扎根于最基础的临床，做好自己的本职工作，不追名逐利，总有一天，我的梦想就会成为事实。

就在那个时候，我们的医院就会是百花园里那朵最绚烂的花朵，而在此之前，就让我们为我们的医院，为我们的科室做那片最美的绿叶吧！

那时花开，倾国倾城，名动京城！

【作者：武汉大学中南医院胸部肿瘤科吴园园；编辑：周春华】

6. 我有一个引以为豪的老乡——"人民好医生李雁"

大学刚刚下临床的第一个科室就是肿瘤科，在肿瘤科碰到一个眉毛很浓很黑，说着和我差不多一样普通话的一个医生，他就是李雁教授。他和蔼可亲，通过与他交流得知李雁医生和我一样都来自孔孟之乡、礼仪之邦的山东省。后来我也来到东湖之滨风光旖旎的武汉大学中南医院工作。中南医院虽然没有同济、协和、人民医院那么的悠久历史，但是中南医院有自己的发展特点，构建和谐医患关系是健康、快速发展的重中之重。近年来，医院逐步做到了医疗管理的制度化、规范化及科学化，以适应人民群众不同层次、不断提高的医疗服务要求，切实解决"看病难、看病贵"问题。我们医院有全心全意奉献给艾滋病防治事业"感动中国"的桂希恩教授，有获得"法国骑士勋章"的周云峰教授，也有征战南极的梅斌和金伟医师，也有从医25年来，坚持为患者画草图讲解病情的李雁医生。

为患者手绘草图讲解病情，这已成了李雁的职业习惯。无论是坐诊还是查房，他总习惯拿着一个小文件夹，里面夹一叠白纸，胸前衣兜里插着一红一黑两支水性笔。"我画这些草图纯粹是为了讲解病情，比较潦草。"50岁出头的李雁回忆说，第一次给患者画图讲解病情，是在自己工作的第一年，当时接诊了一名外省农村来的大肠癌女患者，因对方方言太重，又听不懂普通话，且不识字，双方交流十分困难。正在一筹莫展之际，他突然想到办法，掏出笔在纸上画下病变部位和手术方案，不知不觉连画了好几张，让他高兴的是，那名女患者很快就明白了。发现画图效果不错后，李雁慢慢形成了"既动口又动手"的习惯，并且不知不觉一画就是25年，基本上每接诊一名患者，少则画一两张，多则画十余张，粗略推算累计超过1万张。"医生有义务让病人清楚地了解自己的病情和治疗方案，不能用专业术语来敷衍他们。"李雁说，每位肿瘤患者和家属压力都很大，耐心介绍治疗方案，可以缓解他们的焦虑，也有利于他们配合医生治疗。"他一边讲一边画的习惯，同事们都知道。"

现在大医院医生都特别忙，工作压力和精神压力都很大，但李雁教授愿意花时间跟患者交流、沟通，非常有耐心，深受患者好评。不少康复的患者十分感激李教授的耐心与细心，出院后还把他画的草图收藏起来当纪念品。近年来，医患之间因沟通不畅导致的矛盾甚至冲突时有发生，其中部分导火索，就是医生对患者缺乏耐心，让本就饱受病痛折磨的患者，心理上承受的压力与恐慌难以缓解，从而引发不必要的误会。李雁教授的做法对于疾病的治疗以及和谐医患关系的构建，都有着非常积极的意义。

"构建和谐医患关系，践行社会主义核心价值观"一直以来都是卫生计生系统共同探讨和学习的，"李雁式沟通"就是以湖北卫生系统践行社会主义核心价值观为主题，荆楚和谐医患关系的先进典型代表。

李雁是我们中南医院医务人员中的杰出代表，他关爱病人、以人为本的大医情怀；耐心细心、矢志不渝的工作态度；尊重患者、热爱生命的职业操守，都值得每一个人学习。我们中南医院要充分学习这一先进典型，树立医德标杆，并在全院认真组织开展学习活动，推广"李雁式"的工作方式，加强医患沟通，努力构建和谐医患关系，促进医院更好发展。中南医院党委书记张元珍说，在李雁的从医生涯中，他始终把提高临床疗效、高尚医德作为职业灵魂。坚定恪守职业道德，严格把好医疗质量关，秉承"以人为本，以患者为中心"理念，挽救过无数生命，多次用真诚化解医患矛盾；他用爱心诠释着"大医精诚，救死扶伤"的卫生核心价值观，内化于心、外化为行，赤诚胸怀和坦荡人格感染着每一位患者；他从不计较个人得失，始终以一名医生的良知和社会责任感，躬身力行坚守临床医疗一线。李雁从医 25 年来，用"妙手"和"仁心"诠释着医德医魂，用爱心为患者撑起一片蓝天。

当前，一些地方医患关系比较敏感，主要是双方缺乏沟通、知识不对等造成的。李雁通过图解病情的方式与患者充分沟通，找到了一把"打开医患关系症结的钥匙"。李雁给我们最大的启示和亮点就是爱岗敬业，就是要立足岗位，把工作做到极致。李雁视患者为亲人，用爱心和耐心营造和谐医患关系，在善良、责任心和担当三个层面诠释了爱岗敬业。他认为，深入挖掘李雁事迹所蕴含的社会价值，对培育和践行社会主义核心价值观具有现实意义。

"爱心耐心仁心　换来患者安心"。李雁 25 年如一日，用画图化解了众多疑惑，从疑心变安心，从安心变信心，这种探索是非常成功的，这条路对医护人员非常有借鉴意义，有敬仁心、树仁心的境界理念才能够重塑时代医者的形象，对全社会都是有参考价值的。李雁以精湛的医术、优良的医德，以及他的敬业、诚信、友善，生动形象地演绎了社会主义核心价值观。李雁教授把医学知识大众化，通过随访进行研究，正是因为如此，他建立了一种和谐的医患关系。

治好身体层面的疾病是治病，安抚好病人的心理是救人，李雁在这两方面很好地满足了病人的需求。"李雁是卫生计生系统社会主义核心价值观的优秀践行者"，李雁所做的一切是那么的平凡，却真挚而伟大。通过学习李雁的先进事迹，再一次领会到践行社会主义核心价值观的深刻要义：信念坚定是根本，全心全意为人民服务是宗旨，率先垂范是关键，崇尚医德是本色，清正廉洁是底线。李雁从医 25 年来自绘万张"病情草图"和十几本"病情分析图"，让患者看得懂、用得上，用爱心细心耐心温暖了无数患者和家属，架起了一座座医患连心桥，他所涵养的服务人民、爱岗敬业、甘于奉献、精益求精、勇攀高峰、感恩重德、仁厚友爱等价值追求，都是社会主义核心价值观在卫生计生领域的具体化、形象化的表达。我们要进一步学习李雁的先进事迹，我们要热爱我们的武汉大学中南医院，我将以更好的热情服务于病人。让"大医精诚、救死扶伤"的精神更加深入人心。

【作者：武汉大学中南医院心血管内科杨士斌；编辑：方世平】

7. 像李雁教授那样，用行动践行我们的诺言

我想问一句，在我们学医之前，你知道所谓的"肠子"还分为大肠和小肠吗？你知道大肠又分为几段么吗？你知道淋巴结转移和血性转移么？你可能不知道，当然，我们的病人也不可能知道，他们懂的也就是"手术"这一个名词而已。他们不清楚你要做的是什么手术，有什么样的后果，带来的是什么样的治疗效果及风险。如果有一个医生告诉我，"你生病了，来签个字，我给你做手术。至于怎样做你也不懂，跟你说了也不明白"。这样的话，我是绝对不会签字的。我想知道你会对我的身体做什么操作，怎么做？虽然，我不是很懂，也许这跟医患关系本身并没有太大的关系。不是我们不信任医生，而是我们对未知事物的本能恐惧。中南医院肿瘤科李雁教授，他充分体会到了病人的感受，从病人的角度考虑问题，一切以病人的利益为出发点。所以，他会成为一名"草图医生"；所以他赢得了我们所有同道、后辈以及病人的尊重；所以，他值得我们学习。

健康所系，性命相托，在我们成为一名医学生时，我们都曾庄严宣誓，我们怀着崇高的敬意踏入了医疗行业；我们满怀激情，要解决一切病痛折磨。可是，医学太博大精深了，而我们所知道的，所掌握的太渺小了，就像浩瀚无边的海洋里的一粒水滴。而在工作中可能我们又太忙了，忙得忘记了我们当初的激情澎湃，忘记了我们最初的梦想，没时间同病人过多交流，忘记了病人不是学医的，他可能根本分不清肝脏和胃哪个在左边哪个在右边。可能我们每一个学医的人都听说过这样一句话——偶尔能治愈，常常去帮助，总是去安慰。可是在忙碌的工作中能真正做到这句话的又有几个人呢？而中南医院肿瘤二科的李雁教授做到了，从医 25 年来，每次接诊病人时，不仅耐心而细致地向患者讲解病情或手术过程，而且为了让沟通更直白，他还养成了一个习惯，一边讲一边画，犹如一名"速写师"，为患者图解病情。粗略推算，25 年来他画的这种草图累计超过 1 万张。一万张是什么概念，也就是一年至少画 400 张草图，一天至少画一张，一万张纸摞起来有多厚，我无法想象。他在查房、手术、门诊等等忙碌的工作中，依然能保持着良好的耐心，尽力与患者及家属沟通，真正让患者及家属了解病情，了解手术。这种充分而良好的医患间的沟通，不仅让患

者安心，表达了对患者知情权的尊重，而且体现了他精湛医术与优良医德的完美结合。这使得患者更加信任医生，理解我们的医疗行为，帮助我们创建良好的医患关系及医疗环境。今天，我想提的重点不是他精湛的医术，不是他发表了多少 SCI 论文，论文的影响因子有多高，而是他的仁心，他的优良医德，他的工作操守，他对生命的尊重。可能我们有许多专家、许多教授，他们都在自己的领域里有所建树，但是像李雁教授这样实现了优良医德与精湛医术完美结合的医生真是太难得了。医德是"根"，李雁用一张纸一支笔，表达了对患者知情权的尊重，消除了医患之间的猜忌和误解；医术是"根"，李雁用精湛的医术，守护着危重病人的生命之灯，叩开一扇信任之门。我们在工作中应积极像李雁教授学习，弥补我们自身的缺点与不足，不是让我们都去画图，而是学习这种态度，这种尊重患者、耐心细心的工作态度，让我们成为当之无愧的"白衣天使"。我所在科室是综合医疗科，面对的患者绝大多数都是高龄人群，患者或有听力障碍、或有认知障碍，甚或言语障碍；患者或为高知高干人群，对医学知识有所了解、期望较高或要求严苛，患者家属对患者生活质量预期较高等等，等等，在这样的大环境下，我们综合医疗科的医护人员不仅积极加强自身业务学习，紧紧跟随指南、专家共识等不断更新知识，加强慢病管理，并将其覆盖全科，向"治未病"方向努力；重点突出专科特色，不同的专科医生相互交流诊疗体会，在危重患者的管理中学习总体把握平衡矛盾；同时耐心与患者及家属交流，用通俗易懂的语言反复沟通，体谅患者及家属的难处，解答他们的顾虑，充分尊重他们的想法，针对不同的个体量身定制诊疗方案，尽量选择最大获益最小伤害的方案；另一方面，综合医疗科面对很多高龄、危重、晚期肿瘤等需要临终关怀的患者，配合家属给予患者最大的关爱，减轻患者的痛苦，充分体现医疗的人文关怀，帮助患者体面而有尊严地离世；令患者及家属满意而归是我们综合医疗科全体医护人员工作的动力和不懈努力的方向。大医精诚、敬畏生命，这是我们中南医院的院训，也是我们每一位医护人员应当积极追求的思想境界，让我们每一个人都成为像李雁教授一样德才兼备的白衣天使，用我们的行动为患者减轻痛苦，践行我们的诺言。

【作者：中南医院综合二科陈　静；编辑：方世平】

8. 我眼中的李雁教授

繁华落尽，留下的是伤感；曲终人散，留下的是回味；人生何尝不是如此，我们总是在寻寻觅觅的过程中，丢掉了什么，但过程却让我们格外的珍惜。

当我们生病时，我们第一个想到的肯定是医生。医术精湛的医生，他有着丰富的临床经验，他有一颗大医精诚的心，他有我们想象不到的丰富知识。中南医院肿瘤科李雁教授就是这么一位医生，他医术精湛，为人低调。

我只是一名小护士，但是我也明白一名好医生对患者的重要性。往往大家都下班了，李教授在结束最后一台手术后，他会回病房看看他的每一个病人，询问疼痛情况，了解是不是恢复通气，亲自帮术后患者拍背咳痰……说实话，作为一个教授，他手下有主治医生、研究生、进修生，可他每次都是亲自动手，我们看在眼里，感动在心里，病人和家属也纷纷表示感谢。

有一件小事，我到现在都记得。有一次外科大楼几年没有动静的喇叭突然响了起来，内容如下：警报，警报，外科大楼突发火灾，大家火速撤离。这时的李教授正在查房，听到广播，马上跑到护士长办公室，通知护士长，赶紧带着危重患者撤离病房，我们当时是下班时间，一时间大伙儿都慌了神，不知所措，这时门外传来床在走廊搬动的声音，原来是李教授把一名刚刚做完手术的患者，在往手术电梯那里撤离，推病床，打手术电梯电话，有条不紊，正当我们从这种慌乱的氛围中清醒过来时，一名工作人员，急急忙忙跑来道歉，还没有说明来由，就不停地说对不起。原来不知道是谁，不小心放错光碟，导致后面这个乌龙事件，于是护士长马上跑过去告诉李教授，刚才是工作人员不小心放错光盘，李教授听了，松了一口气，马上又缓缓地说了一句，"那就好，那我们现在再把病人推回病房，然后，我们应该安抚一下刚才受到惊吓的病人和家属，他们肯定很着急"。瞧，我们李教授总是这样，先病人再自己，先去做再去说。我们都缺少李教授的这种精神，无私，奉献！

李教授有一段时间上了中央电视台的新闻，之前还不了解是什么缘由，估摸着是手术做得很好之类的。后来看了新闻，加上同事们的解释，我才知道，原来是在术前谈话时，李教授采取的手术速写，说实话，我觉得这个很重要，很多患者大多数来自农村，没有什么知识，就算是知识分子对医学术语还是都不太明白，搞不懂生理解剖的相关知识，可是通过画图的方法，让每一个患者了解自己的具体情况，生动的绘图带来的不仅仅是知识的灌输，也饱含了李教授对每一位患者的尊重。"手术速写师"一来让患者明白自己的情况，二来减轻患者的焦虑，三来让患者和医护拉近了距离。

中央电视台的焦点访谈，提出了一个很新颖的词语"器官修理工"，如果一名医务工作者，仅仅把自己当成一个看病工具，把患者都当成流水线上的产品，只去注重数量，而不注重与患者的沟通与交流，那他所学习的医学知识就是很冰冷的知识，没有温度，如何让知识赋予人的思想，那就是把自己的情感加入进去，一名好医生，不仅仅是一名"器官修理工"，而是应该听患者内心声音的，充满仁医仁术的"灵魂工程师"。生命是美好而又脆弱的，每一名患者，他们都像是迷失在无名海岛的流浪人，对于出现在他孤立无援时的医生，他们心里是充满感激和敬畏的，医生犹如天使降临般地来到他们身边，这时医生如果不能给予患者极大的心理支持和正确的心理指引，这位流浪人就会陷入绝望的深渊。任何人都不想成为荒岛的流浪汉，于是我们应该给予他们爱的鼓励与支持。

李教授是人民爱戴的好医生，也是充满智慧的医学教授，更是说话幽默的普通人，我只想说，很多时候，我们做事就可以如此简单，不要想着这件事情，怎么去做完它，而是应该去考虑，怎么把它做好，尽力做好就不会给自己的人生留下遗憾。

我眼中的李教授，是学生的好导师。

我眼中的李教授，是患者的好医生。

我眼中的李教授，是人民的好公仆。

医院是大多数人不愿意来的地方，这里充满了刺鼻的消毒药水味道，上演了各种生离死别。可是为什么我们的医生、护士愿意穿上这身白大褂，为什么遇到各种纠纷，还是愿意执著努力地把工作做好，不是因为它收入有多高，也不是因为工作很高尚，而是因为他们身上的那份使命感。

说实话，对比一般上班族的每天八个小时，周末有双休，逢年过节还有假期，而我们的医生，每天没有固定上班时间，有时十几个小时，碰到紧急情况随时待命，手机24小时开机，逢年过节从来没有假，而且往往逢年过节也是很忙的时候。这两种，估计没有人会愿意选择后者，可是我们的医生义无反顾地这么做了，而且做得很好，我只希望，医患之间多一份了解，多一种沟通途径。让医院成为一个充满爱，充满温暖的地方，也是一个让百姓看病更加安心的地方。

【作者：中南医院普瘤科胃肠、肝胆胰病区纪慧芹；编辑：周春华】

9. 发掘正能量，利用正能量

"天下难事必作于易，天下大事必作于细。"李雁教授用他的实际行动阐释了这句体现着我国优良传统的古训。25年来的兢兢业业，一万多张亲手绘制的草图，十几本绘画"病例档案"，以及可想而知渗透在其间多少句耐心的讲解，平凡的工作变的精致，平淡的人生彰显着大爱。

尤其是在当今医患关系紧张的中国，如何通过对李雁教授事迹的深入学习，利用其传达的正能量做好医患沟通，减少医患之间的矛盾，建立起信任和谐的医患关系，共同有力地抗击疾病，做到患者满意？而医护人员自身也满意于工作赋予的存在感，从而树立起对工作的热爱，找到人生的价值？这些是值得我们深思的话题。

作为一名医护人员，我们应该如何在工作中的点点滴滴寻找自己的价值，从而萌生出无限的正能量，来更好地完成工作呢？在关于李雁教授相关报道中，我看到这样一句话——患者有一颗感恩之心，医生有一颗敬畏之心。两颗心交流碰撞，就会产生巨大的正能量，汇聚成不可阻挡的强暖流。

在展开话题前，首先问大家几个问题。当病人询问问题时，我们是怎样回答的？我们是以怎样的心情回答的？当病人药物还没完全滴完就按下了呼叫铃，我们去了之后是怎么处理的？处理时的心情是怎样的？当病人为了一点点很正常的费用跟我们争执时，我们处理之后的心情是怎样的？……面对所有这些问题，也许有些医务人员认为，这些病人怎么理解能力这么差，没文化真可怕；这些知识分子怎么这么裹人，死读书真磨人等等。请问，有多少同志想到的是，我怎样做才能让病人懂我？为什么我们没有对于收费、药物用途、检查项目以及治疗适应证等的较为详细和易于理解的介绍，能让病人在治疗之前就能清清楚楚地知道到，他需要做哪些检查和治疗、会花费多少、用途；检查的必要性以及疗效和预后等等这一系列问题？而不是首先去埋怨着病人为自己繁忙的工作又增添了许多麻烦。人生中会去埋怨的事经历多了，想多了，难道你就不累吗？工作累了，心请不要累吧！心要是不累了，工作真能有那么累吗？

　　说到这里，可能有人会问，我成天从上班到下班一刻不停，能不累吗？我下班了还要照顾孩子、做家务能不累吗？我好不容易挣到一个月的收入，还完房贷、付完孩子的学费，还有家里大大小小的的开销就没剩的了，能不累吗？既然你一直那么累，何不及时行乐呢？时间都去哪了？难道都被你累过去了吗？乐在其中，乐此自然不疲了。一个能将工作做好，能将生活过好的人，首先是一个在细小的事物中也能寻找到正能量，懂得其中乐趣的人。

　　在此，举两个在我们急诊发生的例子。

　　曾经就遇到一位老年女患者，因为害怕打针，交药时不耐烦地说："不想打针，我的血管不好打，吃了几天药都没好。"这时，我们的护士用伤情的小眼神儿望着她说："病得治啊，不打怎么好呢？"病人苦苦地说："能喝了吗？"护士逗趣地说道："要是喝了出现其他毛病得打更多针才能治得好，那怎么是好啊！"护士的语气有趣，患者笑了。在一种轻松的氛围中，患者坐到了注射台前。血管确实不好，护士一针下去了后在里面找了下才打进去。其间，患者并没有抱怨甚至没有喊疼，而是耐心地等着护士扎成功。一种轻松的氛围，给患者带来的感受在此时起到了重要作用。而能制造这种轻松氛围，需要护士有一颗至少当时是轻松快乐的心！

　　还曾遇到一位患者做完皮试，护士交代要等十五分钟，不要走远，就坐在附近观察。可到时间了，半天都叫不到病人，等她来时已经过了看皮试时间半个多小时了。当护士说明时间过得太久无法观察，为了患者的用药安全需要重新做个皮试时，患者很不耐烦，并抱怨着本来为了节省时间去缴费拍片，哪知道排了好一会儿队，紧接着就是对看病中的各种抱怨。这样一位不听护士嘱咐，连自己的时间都要计较的人，被我们的护士用一席幽默的话给平复了心情。具体说了什么，在此不赘述了。想说的是，同样一番话，用不同的语气也许更会引起病人的不满，但换一种语气让病人理解我们的工作了，知道换位思考了，心情便平复了。可见，谈话的语气很重要，而缺乏专业演说家的演说技巧的医疗工作者能否在面对病人的抱怨时，还能第一时间用适当的、柔和的、幽默的语气，我想这就得看你是否有处理问题的良好心态，是否切身在为患者着想。你在为她着想，她能感受到。作为一名在全国庞大的医疗体系中普普通通的小小的年轻护士，我没有什么宏图伟论，更没有改变哪怕一点点当今医疗窘境的方针政策。我能做的只是在学习李雁教授的事迹后和大家分享一下我的理解和感悟。在中国医疗环境之怪现状的当今，李教授的事迹无疑是这个时代强大的正能量！社会在宣传报道，我们在学习讨论，是因为大家都太需要将这股强大的正能量延续！当病人遇到难处抱怨时，呼吁大家用积极的心态去面对，保持一颗容易快乐的心。试想，一颗自己都不容易快乐的心，怎么去感染正在抱怨中的人？让正能量的暖流在心与心之间碰撞、反馈、衍射吧！

　　发觉正能量，利用正能量。除了调整出积极的心态，全心全意为患者服务，我们还能怎样利用这股强大的正能量呢？有人可能会说，加强医疗知识的学习，不断提高自己的业务水平，从而减轻病人的痛苦。很好！这一点作为湖北省大型教学医院的领军团队之一，我们医院多少年来一直做得很好，学习气氛也很浓。我想说的是，与李雁教授所绘的一万多张草图里有没有共同点？我们能不能将这些相似之处搜集起来，制作图谱，让李雁教授再看诊病人时能更方便地对着图谱讲解，减轻绘图量而不用那么辛苦？我们能不能将类似的解剖、手术方式等其他专业的图谱也挂到相关专业医生的诊断室里，需要讲解时，方便看图说话，让医生工作更得心应手？我们能不能将相关检查的意义及收费标准挂到各检查科室的墙上，让意欲深入了解的病人能更易于获取相关信息，同时也减轻医护人员的工作量及患者的一些不理解？我们能不能在各病房里除了转播电视节目，也能有一个介绍医院情况和医疗知识的频道？……

　　发觉正能量，利用正能量。解放生产力，发展生产力，让医护工作者在树立良好的精神面貌，热情对待工作和患者的同时，实实在在做个持久的乐于工作的人，也许是一个我们同样需要深思的话题。

发觉正能量，利用正能量。改善当今的医疗环境，漫漫长路其修远兮，吾将上下而求索。在这金秋时节，送给大家一首小诗共勉：龟蛇沿畔握骨花，黄鹤跃我渡浪沙。沾衣欲湿桂香雨，行路不畏石板滑。

【作者：中南医院急救中心主管护师张旋；编辑：方世平】

10. 画心艺术

沟通从心开始。我院肿瘤科李雁教授，从医 25 年如一日，坚持为病人画草图讲解病情，用画图化解了众多病人的疑惑。他让病人从疑心变安心，从安心变信心；他的敬业、诚信、友善，生动形象地演绎了社会主义核心价值观。他的画心艺术对我们所有医护人员都非常有借鉴意义。要知道真正打开医患关系症结的钥匙是将心比心的沟通，是深入内心的沟通。哪怕只是一张张简单的草图，就能直抵内心，触动心灵，感动病人，感动大众。

画心艺术之主动服务，无声胜有声

有时无声的动作要比语言沟通效果更好。被誉为"草图大师"李雁教授的事迹就是对此最好的诠释。我们护理工作中，对行动不便的老人主动搀扶；给无人照料的病人订餐，打开水；协助病人变换卧位，翻身拍背；对情绪低落，需要倾诉的病人给予陪伴和倾听；对入院病人一个热情的接待；对病人一个发自内心的微笑，如此等等，这些关心和呵护、无声的接触都可以使那些不安和无助的病人镇定，有安全感，使脆弱的病人感到安慰而变得坚强。这些都会让病人看在眼里，暖在心窝。

画心艺术之苹果效应，信心倍又增

"人们恐惧黑暗，是因为不知道黑暗中有什么。"李雁教授说，要让病人放下心理包袱，积极配合治疗，医患沟通必不可少。摸索多年，李雁发现，在与病人和家属沟通中，画一张简洁易懂的示意图是最有效的方式。"治疗之前要对每个病人讲清楚 3 个'W'，What's Disease（什么病），What's Stage（发展到什么阶段），What's Treatment（如何治疗）。要告诉他们治疗能够得到什么好处，需要付出什么代价，承担哪些风险。"与此一样，护患沟通也是如此，我科以内分泌代谢性疾病为主，其中糖尿病病人居多。要知道，长期的治疗和不可治愈性极其容易让病人产生心理负担，甚至放弃治疗，这个时候要学会给病人一个"苹果"，让病人重拾信心。最近在网络流传的一个故事，发人深省。一场突然而来的沙漠风暴使一位旅行者迷失了前进的方向，更可怕的是旅行者装水和干粮的背包也被风暴卷走了。他翻遍了身上所有的旅行袋，找到了一个青苹果，这时他很惊讶地说："啊，我还有一个苹果。"他紧握着那个苹果独自在沙漠中寻找出路。护理人员也要学会不失时机地给病人一个满怀信念的"苹果"。这样，让病人感觉到生存的价值和对生活的希望。例如，我们在对病人进行某项操作，或者需要病人配合做检查项目时，应当做好解释工作。我们应该告知病人操作和检查的目的、要求、具体操作方法和注意事项，这样才能得到病人的配合，完成检查和治疗。俗语说："良言一句三冬暖，恶语伤人六月寒。受到病痛折磨的病人更加需要医护人员的关爱，一句贴心、近心、全面到位的解释，对融洽护患关系，减少护患矛盾，提高病人满意度，树立病人战胜疾病的信心，作用非常大。

画心艺术之从我做起，丰富自己

信任是护患沟通的前提，扎实的专业知识及娴熟精湛的操作技能是获得信任的关键。相信大家都有过这样的经验，如果一个静脉很难穿刺的病人，当你为其穿刺成功后，病人会对你印象深刻，并且愿意今后的任何操作让你进行，有任何需要也愿意找你帮助。另外，如果病人对疾病或治疗中有困惑和疑难，你通过丰富的临床知识帮助其答疑解惑，消除顾虑，他对你的信任感也会倍增。我记得曾经有位初诊糖尿病的病人，在治疗过程中需要注射胰岛素进行降糖治疗，但是病人非常不愿意使用胰岛素。我作为责任护士，主动了解病人的内心想法，询问病人是否有什么顾虑和不安。病人告诉我，使用胰岛素是不是像吸毒一样，会依赖，有点可怕；另外觉得每天要挨几针，肯定很疼，故不愿注射。后来我向病人解释道："您不用担心，胰岛素注射不会上瘾，注射胰岛素是因为您的病情需要，相当于您缺什么补什么，现在您体内胰岛素缺乏，血糖控制不佳，所以需要补充胰岛素。而且胰岛素注射针头很短很细，并且有一层润滑的涂层，注射起来不会很疼，您可以放心哦!"通过与病人间的沟通，病人欣然接受了注射胰岛素的治疗方案。并且只要我当班，都点名让我来注射。护患沟通，从我做起。

李雁教授式沟通的真谛就是"以人为本，以病人为中心"。要知道良好的护患沟通理念和沟通方式是和谐护患关系作用中的左膀右臂，缺一不可。我们需要的是真正领悟李雁教授沟通的"画心艺术"，让我们的工作能真正体现"以病人为中心"。我们应当努力学习李雁教授的沟通理念，不断探索沟通技巧，培养自己的沟通能力，使自己成为一个人性丰满的人，促进护患间的心灵沟通，从而达到增进病人身心健康的目的。

【作者：武汉大学中南医院内分泌科田银；编辑：方世平】

11. 医者仁心

——医术乃医者之本　医德乃大医之魂

有一种人，生命的健康是他无怨无悔的追求，

有一种人，冰冷的手术刀是他最亲密的伙伴，

有一种人，整洁的白大褂是他最引以为傲的颜色。

正是这样一种人，平凡而又伟大，从春草到冬雪，从朝阳至暮色，他们无时无刻不奋战在治病救人的前线，没有节假日，没有休息日。然而，他们有时还不被人理解。

也许，这个职业介于上帝、佛和普通职业之间吧。

这就是所谓的医者仁心。

大家谈到医生，都会说到两个词，一个是医德，一个是医者仁心。

如今，社会对医生这个职业要求越来越高。这是一个关于肉体健康、关于生命这样高度的职业，必然大家对医生的期待也愈来愈高。而肉体健康、生命乃是世界上最复杂、最尖端的科学，这也许就是矛盾存在的根本。于是，你看到的总是一颗又一颗痛苦的心，一张又一张愁苦的面容。也许，在医生这个行当，最莫大的幸福感应该来自于经过你的治疗后，病人身上的病痛减轻了，病人脸上展开了笑容，病人舒心地睡了一个安稳觉，或者最后病人带着笑容离开了这个世界。

今天，在这里，我想大家应该沉下心，学习一下李雁教授的光荣事

迹了。

李雁教授，来自武汉大学中南医院肿瘤科，25 年来专攻肿瘤专科，被誉为"草图医生"，是一位轰动全球肿瘤医学界的专家。从医 25 年来，每次接诊病人时，他都会耐心细致地讲解病情或手术过程。还养成了一个习惯：一边讲一边画草图，犹如一名"速写师"。粗略推算，25 年来他画的这种草图累计超过 1 万张。这是学生时代时的李雁教授无数次地看到自己的老师在纸上勾画解剖图，给病人讲解病情的印记，这个印记被他继承了下来，发扬光大，现在他又言传身教给了自己的学生。

39 岁的北京患者李莉（化名）及家属讲述了李雁教授的细致和耐心。接诊过程中，李雁教授详细地为她讲解病情及手术方案，边讲边画，前后画了 7 张直白、形象的病情草图，消除了她心中的恐惧，让她坦然面对病情，积极配合治疗。另一名患者家属则表示，李雁教授非常注重与患者的沟通，让他们看病很放心。

李雁教授说："沟通就是治病。一般来说，医患双方沟通得比较好的，治疗效果也就比较好。医生要有两颗心，一颗是爱心，另一颗是耐心，充分的沟通是医患互信的基础，有利于患者积极配合治疗，医生多花点时间与患者沟通，值得。"

"医生讲的话要让病人听得懂"，李雁教授认为，沟通最重要的是要让病人和家属能听懂医生的话。

李雁教授说，"每次和患者及其家属画图讲解肿瘤知识，都相当于上一次小公开课，一次讲给几个人、十几个人听，这些人还会告诉他们的朋友……长此以往，必有成效，何乐而不为呢？"而在中国，癌症的死亡率高，防癌治癌更重要的是依靠群众自身的力量。李雁教授立志将防癌治癌之道传播给普通民众，让经他诊治的患者及其家属对病情有充分的知晓，从而作出合理的判断，以达到最好的治疗效果。

我想，李雁教授一笔一画画出的不仅仅只是一万多张草图，而是病友及家属对他的信任及理解，更是李雁教授对病友们耐心、爱心、责任心和关爱的体现。

在李雁教授的从医生涯中，他始终恪守职业道德，严格把好医疗质量关，挽救了无数生命。

　　在李雁教授的手机里，储存着每一位被他救治患者的电话号码，他坚持定期地与这些患者沟通联系，及时掌握他们的身体状况，并为他们答疑解惑。

　　信任是人与人之间最美丽的关系。诚然，凭借病友们对李雁教授的信任、他的精湛医术、优良的医德，以及他的敬业、诚信、友善，生动形象地演绎了社会主义核心价值观。李雁教授把医学知识大众化，通过随访进行研究。正是因为如此，他和病人建立了一种和谐的医患关系。他关爱病人、以人为本的大医情怀；耐心细心、矢志不渝的工作态度；尊重病人、热爱生命的职业操守，都值得我们每一个医务工作者学习。我们应该树立医德标杆，并在医务工作者中开展学习活动，推广"李雁式"的工作方式，加强医患沟通，努力构建和谐医患关系，促进医院更好发展。

　　李雁教授用他的爱心、细心和耐心，换来了患者的安心和放心。这样的境界，更好地诠释了武汉大学中南医院"大医精诚，敬畏生命"的院训精神，也充分地体现了"医者仁心，治病救人"的全部含义。医德是"根"，李雁教授用一张纸一支笔，表达了对病人知情权的尊重，消除了医患之间的猜忌和误解；医术是"本"，李雁用精湛的医术，守护着危重病人的生命之灯，叩开一扇信任之门。

　　李雁教授所做的一切是那么的平凡，却真挚而伟大。值得我们所有医务人员学习、效仿和践行。

　　【作者：武汉大学中南医院妇科胡迪；编辑：周春华】

12. 学习"人民好医生——李雁教授"践行社会主义的核心价值观

　　以人为本，视患者如家人；

　　仁心妙手，长于治病更精于救人；

　　一张张草图，是沟通的阶梯；

　　一台台手术，是生命的桥梁；

　　他是一名普通的医者，也是"人民好医生"，他就是李雁教授。

　　李雁教授是武汉大学医学部肿瘤研究所所长、武汉大学中南医院肿瘤二科主任医师。从医25年来，他始终坚持在临床医疗一线，孜孜不倦、勤奋忘我工作。每年主刀完成癌症手术上百台，以高超的医术解除患者的痛苦，赢得了患者的爱戴、同行的尊敬和社会的广泛赞誉；他先后获得国家科技进步一等奖、美国临床肿瘤学会国际发展与教育奖、教育部新世纪优秀人才奖等多项荣誉。他几十年如一日，秉承"以患者为中心"的理念，视病人如亲人，自绘一万余张"病情草图"和十几本"病情分析图"，用图画讲解的方式不厌其烦地与患者和家属沟通。他用爱温暖无数患者和家属，为医患之间架起了一座沟通的桥梁，诠释了"大医精诚、救死扶伤"的深刻内涵。其先进事迹先后被中央和省内多家媒体广泛报道，在社会上引起了强烈反响。

李雁教授在平凡的岗位上做出了不平凡的业绩，展现了新时期医者的崇高风范，是我们广大医务人员的模范代表。在李雁教授的身上体现了他心系患者、服务人民的职业精神，耐心细致、矢志不渝的敬业精神，切实维护和实现好群众健康权益奉献精神。李雁用实际行动践行了社会主义核新价值观。他的事迹更是深深打动、激励和感召着我。他关爱病人、以人为本的大医情怀；耐心细心、矢志不渝的工作态度；尊重患者、热爱生命的职业操守，都为我们树立了良好的榜样，值得我们效仿。

转型的中国社会，社会价值观也呈现了多样化的趋势，社会由个人组成，每个人选择怎样的价值观、追求怎样的理想信念、秉承怎样的道德底线，决定了整个社会价值观的基础和面貌。政治信仰的迷失，理想信念的模糊，价值取向的扭曲，拜金主义的流行，这些不正常的现象不同程度地存在并影响着一些人。当代中国正处在社会经济，政治，文化思想大变动的时期，不可否认体制的滞后和缺陷会导致一定程度上的道德失范，面对纷繁复杂的形势、社会思想的多元、多变的观念，就愈加需要我们凝聚一种精神力量，社会也愈加需要更多的像李雁教授一样的楷模和先锋去影响当代人，用自己的行动作出匡正和补充。在各种价值观的交锋和博弈中，寻找到人们认识的"最大公约数"，淬炼统一的精神"内核"，从而把握住正确的方向，形成强大的发展"合力"。通过深入挖掘、培养和弘扬自己的核心价值观，凝聚全民共识，这对于促进人的全面发展、引领社会全面进步，都有着重大现实意义和深远历史意义。

在这样一个社会思想多元化的时代背景下，践行社会主义核心价值观，需要全社会的主动参与，从人们思想的共鸣和交汇处汇聚起发展进步的强大正能量。如何在多元思想的社会中践行核心价值观?

首先,阐明社会主义核心价值观的内涵,使社会主义核心价值观深入人心。要从理论上进行深入阐述,社会主义核心价值观为何从国家、社会、公民三个层面阐释?继承了中华文化哪些优秀传统?反映了哪些中国特色社会主义的本质要求?让群众真正理解社会主义核心价值观,并通过学校教育、理论学习、社会宣传等各种方式,广泛传播社会主义核心价值观,营造良好的舆论环境,形成一种激发正能量的良好氛围,只有内化于心,才能外化于行。

其次,领导干部要带头践行社会主义核心价值观。虽然广大群众是践行社会主义核心价值观的主体,但打铁还需自身硬,作为党员领导干部一定得带头践行,把这项任务摆上重要位置,以核心价值观规范和要求自己,带好头、领好路,以身作则、率先垂范,从而影响更多的群众,做践行社会主义核心价值观的榜样。

第三,加快对核心价值观践行的制度化和日常化建设。以社会主义核心价值观为引领,把社会主义核心价值观转化到工作的各项制度中,转化到人们的日常行为准则中,渗透到生活的各个方面。让人们随时随地感受社会主义核心价值观,不断深化对社会主义核心价值观的理解和认同,从而更好地践行社会主义核心价值观。李雁教授作为武汉大学医学部肿瘤研究所所长、武汉大学中南医院肿瘤二科主任医师,发挥带头作用,身先士卒,用实际行动学习和践行社会主义核心价值观,在他身上充满了吸引力、凝聚力,把践行社会主义的核心价值观体现在了勤奋进取,忘我工作,甘于奉献,履职尽责的具体的行为。

和李雁教授一样,在社会主义建设时期,涌现出了焦裕禄、孔繁森、牛玉儒、桂希恩、吴天祥等先进典型和道德模范,在抗洪救灾、抗击非典、抗震救灾中,涌现出了一大批的英雄群体,他们的事迹虽然各不相同,但他们都以坚定的理想信念、崇高的精神境界和高尚的道德情操诠释了社会主流核心价值观,让社会主义的核心价值体系在我们的头脑中变得更加具体,形象,生动。

李雁教授用善良之心,责任之心,担当之心诠释了社会主义核心价值观。作为一名未来的医务工作者、和谐文化建设的一分子,我深刻体会到践行社会主义核心价值体系的迫切性和重要性，也深感责任重大。在新形势下，我们必须不断提高自身的政治鉴别力和政治敏锐性，努力学习，搞好世界观的改造，以李雁教授为榜样，学习他心系患者、服务人民的职业精神，做人民群众的贴心人；要学习他耐心细致、矢志不渝的敬业精神，贯彻希波克拉底誓言，在平凡的医者岗位上贡献自己的一份力量，真正做到视患者如亲人，始终以治病救人为己任，切实维护和实现好群众健康权益。

【作者：武汉大学中南医院肝胆疾病研究院兰佳男；编辑：周春华】

13. 永久的誓言与信仰

希波克拉底誓言——每一个医生对医疗事业的谨誓，是对生命的守护。

而面对日益紧张的医患关系，面对繁重复杂的工作，有多少医生还记得当初自己的誓言，又有多少医生还坚持自己的信仰？我们科的李雁主任让我看到了他对这誓言最好的阐释。

面对急切希望了解病人病情的患者和家属，与一些医生只知道用复杂难懂的医学术语或是蛮不耐烦的态度不同的是，李雁主任拿出纸笔画着人体结构草图，开始向患者及家属耐心地进行绘图讲解，直到他们通过简图能清楚知道自己的病情，因此李主任被誉为"速写师"。

但实际上，李主任多年以来不仅仅用一张张简单易懂的图架起他与患者及家属沟通的桥梁，"长于治病者，却可能疏于救人"的思想让李主任关注的不仅仅是疾病本身，更加关注患者的情绪及心理。

逢年过节，他会通过短信的方式关心患者的饮食等情况。这是他对"医学是一门严谨的科学，但是医生本人对病人的爱心，同情心，及理解有时比外科的手术刀和药物还重要。"的完美阐释。

李主任把每次术前谈话、术后讨论都当做一次小型的抗癌知识公开课，请尽可能多的病人亲友参加，让他们接受正确的抗癌知识。因为他坚信掌握正确防癌抗癌知识的社会大众，才是战胜癌魔的最强大力量。他用自己的行动又诠释了誓言中的那句"我将尽可能地参与预防疾病工作。因为预防永远胜过治疗。"

现在李主任作为"人民好医生"不仅提高了自己的关注度，我们科我们院的关注度更得到了一个提升。作为肿瘤科的一员，我因此感到很荣幸。李主任的事迹让我也陷入了沉思，虽然我不指望今后会成为"人民好护士"，但我谨记着我是社会的一员，我对社会应负一定的责任。信任是人与人之间最美好的关系，正是因为李主任的细心讲解，赢得了患者和家属对他的信任，而又有多少病人及家属像大家信任李主任一样信任我？

以前有一个电视剧叫做《心术》，很多人都看过，当中有几句话让我印象最深，"作为一个医生，首先，你要有仁心，其次才是仁术。"

医生有三重境界：

第一重叫治病救人，你能够看好病人的疾病。这只能说明你是一个医务工作者，一个技工，和修鞋匠、卖馒头发糕的师傅没任何区别。微笑服务那是小 CASE，是你作为人应该做的，根本不应该提到评比的标准里去。

第二重叫人文关怀，你不仅看好病人的病，你还有悲天悯人之心，对待病人要像亲人一样，我知道你就在这条路上行走。

但我希望自己能够做到第三重，那就是进入病人的灵魂，成为他们的精神支柱！"想想自己，真不知道自己才走到哪一重。

我知道李主任的科研成果曾获得国家级、省级一等奖，欧洲内科肿瘤学会奖，美国临床肿瘤学会奖，研究课题获全国优秀博士论文、教育部新世纪优秀人才还获国家发明专利一项。作为医护人员，仁心很重要，但只有仁心的医生，恐怕也不是好医生。因此我们想要成为一名好的医务人员，不仅要拥有一颗仁心，还要拥有扎实的专业知识，将我们的专业知识运用到患者的治疗及护理中，早日治愈患者的疾病。

比起面对医生，患者及家属更多时间面对的其实是护士，因此，护患沟通显得更为重要。

还在医院实习的时候，跟过不同层次的老师，其中不乏善待患者，将患者视作亲人的，也有只把护士当成一份工作，对患者相对冷漠的。看着那些相对冷漠的老师，自己曾暗自发誓，今后不要成为他们那样，但随着时间流逝，沉思后发现自己也在渐渐变得激情不再。

回想着上班以来的点点滴滴，有些事情涌上心头。有一天晚上还是一如既往的上夜班，十二点的时候，当我在医生办公室整理出院病历，一个家属提着保温瓶到办公室来找我，"李玲，你值夜班那么辛苦，这么晚一定饿了吧，我这里有稀饭，我给你用微波炉热好了，你吃一点。""对了，我还有醋泡的紫包菜，我给你拿来。""饭够吗，不够我再给你去热馒头。""吃完了把保温瓶给我，我给你洗。"听着阿姨一句句温暖的话语，我含泪吃完了阿姨给我的饭菜，其实我嘴巴很挑剔，对于不喜欢吃的东西，有的时候宁愿饿着也不吃，平时我是不吃醋泡菜的，但那天我吃完了所有的东西，并觉得很美味。

有半年的时间，我在腹部肿瘤科轮转，一个胸部肿瘤的患者住院期间会和他老婆特地来十八楼找我，给我塞水果或是小零食吃，找我聊天，当时我真是发自内心的感动。

现在，那些感动去哪儿了？那些激情去哪儿了？被无理取闹的患者或是家属的谩骂声给湮没了？还是繁琐的工作让我们遗忘了？

虽然李主任善待每一个患者及家属，但我相信其中也一定会有融化不了的"冰山"，但是李主任的信念动摇了吗？答案显而易见。其实，我们要学习李主任的不仅仅是他与患者及家属的沟通方式，他的耐心，更重要的是学习李主任的坚持，坚持自己曾经的梦想，坚持自己信念。让我们为自己的梦想加油，为坚持自己的信念加油！

【作者：武汉大学中南医院胸部肿瘤科李玲；编辑：方世平】

14. 谁才是最美丽的人

和平年代，你、我、他，我们都很平凡。但我要说，伟大正寓于平凡之中。"润物细无声"的细雨看似平凡，可它奉献的是一片热情，一片不求回报的热情；"锲而不舍，金石可镂"的精神看似平凡，可它奉献的是一种力量，一种催人奋进的力量；"春蚕到死丝方尽"的真情看似平凡，可它奉献的是一颗真心，一颗晶莹纯洁的真心。

我们虽然没有大禹"三过家门而不入"的执著，没有子美先生"安得广厦千万间，大庇天下寒士俱欢颜"的胸怀，没有鲁迅先生"我以我血荐轩辕"的豪情，也没有陶行知"捧着一颗心来，不带半根草去"的超然物外。但我们同样可以从平凡走向不平凡。小草虽小，不一样也能铺成辽阔无垠的大草原？物欲之外，难道有的只是冻土与荒漠？

在我看来，奉献不是套话、也不是大话、更不是空话，奉献是每一次诚诚恳恳待人时的认真，奉献是每一次踏踏实实工作时的细致，奉献是日复一日、年复一年的早出晚归。

我院肿瘤二科李雁教授从医 25 年来，每次接诊病人时，不仅耐心而细致地向患者讲解病情或手术过程，而且为了让沟通更直白，他还养成了一个习惯，一边讲一边画，犹如一名"速写师"，为患者图解病情。粗略推算，25 年来他画的这种草图累计超过 1 万张。李雁教授用一种再简单不过的方式与患者沟通，用寥寥数笔绘就一张草图，向患者讲解病情，介绍手术方案，并不需要多么精湛的绘画技巧，只需要对患者保持足够的耐心和细心，倾情回应病人对自己病情和医治过程的关切，在一定程度上也解决了医患之间的沟通难题。李雁的难能可贵之处就在于，他通过这种绘图讲解表达了对患者知情权的尊重，使医患之间不会产生猜忌或误解。李雁教授的病情草图，是用心工作的表现，是用心探索服务方式的积极尝试，是对"大医精诚救死扶伤"卫生核心价值观的最好诠释。从这之中。心底深处只会涌起一句话：谁才是最美丽的人——爱岗敬业、奉献青春。

怎样做才能成为最美丽的人呢？李雁教授给我们最大的启示和亮点就是爱岗敬业，就是要立足自己的岗位，把自己的事情做到极致。爱岗敬业的人是最美丽的人。

李雁教授在三个层面诠释了爱岗敬业。第一，善良。在名利诱惑的时候他秉持着良心去对待患者，他总是替他人着想，总是有一颗怜悯之心；第二，责任心。没有强烈的责任心就不可能把自己的本职工作做到极致，责任心就是对职业的敬畏，特别是医生，稍微有一点疏忽就会出大问题。有善良，有责任心，这两者用起来，他的服务态度一定会很好，一定会像李雁教授这样，生怕病人受到委屈，把所有的事情都处理好，哪怕自己作出最大的牺牲；第三，担当。李雁教授是有担当的，很多患者是连转了几个医院，最后到他这里来，病情恶化了，但是他收留了病人，没有往外推。

有了这三种精神，我们就可以把爱岗敬业做到位。如果每个人都是真正立足自己的本职工作，做到极致，就能在平凡中见伟大，这就是一种了不起的境界，就是一种品德，而这恰恰是我们很多同志应该去往这方面想和做的。特别是李雁视患者为亲人，用爱心和耐心营造和谐医患关系，通过深入挖掘李雁事迹所蕴含的社会价值，对培育和践行社会主义核心价值观具有现实意义。

我记得雷锋日记中有这样一段话："如果你是一滴水，你是否滋润了一寸土地？如果你是一线阳光，你是否照亮了一分黑暗？如果你是一粒粮食，你是否哺育了有用的生命？如果你是最小的一颗螺丝钉，你是否永远坚守你生活的岗位？"这段话告诉我们，无论在什么样的岗位，无论做着什么样的工作，都要爱自己的岗位，都要发挥最大的作用，都要做出最大的贡献。

爱岗敬业就是用一种严肃、认真、负责的态度对待自己的工作，勤勤恳恳，兢兢业业，忠于职守，尽职尽责。我国古代思想家非常提倡敬业精神，孔子称之为"执事敬"，朱熹解释敬业为"专心致志，以事其业"。我想，岗位就意味着责任。我们要高标准、高质量地完成工作，必须要有强烈的职责意识，必须要有认真负责的态度。我们每个人都有自己的岗位，都承担着繁重的工作，没有较强的敬业精神和工作责任心就不可能做好本职工作。"不爱岗就会下岗，不敬业就会失业"！作为一名肿瘤科的护士，我们唯有时刻保持忧患意识，敏思好学，爱岗敬业，才对得起自己的工作，才保得住自己的岗位！

爱岗还要"精业"，就是要"干一行、精一行"，成为本专业的行家里手。只有精业，工作才有底气，事业才有生气。一个人，人生不同的阶段，有不同的岗位。不同的岗位，就有不同的业务。我们要成为本专业的行家里手，就必须勤于学习、善于学习。因为主动向书本学，才使我对各项护理工作和专业知识有了更深刻的理解；因为虚心向老同志学习，才使我对危重病人的护理和急救技能有了进一步的掌握；因为带着问题用心学，边干边学，边学边干，以干促学，以学促干，才使我越来越胜任目前的岗位。

爱岗更要奉献。"春蚕到死丝方尽，蜡烛成灰泪始干"，这就是对奉献的最好注解。正如日本著名的"松下电器"创始人松下幸之助说的那样，"上天赋予的生命，就是要为人类的繁荣和平和幸福而奉献。"医院给我们提供了展示自我，实现人生价值的空间舞台。因此我们珍惜她，要以自己的努力工作来回报医院。因为，一滴水，只有融入大海才不会干涸，一个人，只有将个人的价值与单位的利益结合起来，聪明才智才会充分发挥，生命价值才得以完美展现。所以，讲大局、讲奉献，这应该成为我们所有人的精神追求，也是我们护士的最高追求！

　　天使，是美的象征，我们渴望成为真的天使，不仅仅是因为她的美丽，而是因为她能给人们带来美好幸福的生活。护士，这个平凡的职业，之所以被人们称为白衣天使，不仅仅因为她们身着美丽的白衣，还因为她们凭着"燃烧自己，照亮别人"的坚韧信念，像春风，拂去人们的疾苦；用热血，温暖寒冷的心腹；用爱的丝线，缝合病人身心的创伤……作为一名护士，我体验过患者面对病痛的无奈，我目睹过悲欢离合的场景，我感受过患者信任的目光，也遭遇过"秀才遇见兵，有理讲不清"的尴尬场面……但，我无悔！

　　若有人问我："世界上谁的手最美"？我会自豪地回答："是我们护士的手"。有人说，在这个世界上，有多少不同的职业，就有多少不同的手：农民兄弟的手，是呼风唤雨的手，像地图一样刻满了大地的渠道、丰收的田畴；而我们护士的双手，就是美丽的白鸽，为减轻患者的痛苦、保证患者的舒适与安全，时时刻刻做到轻、准、稳，盛满着人间的情意、生命的温柔。

　　记得我们病区曾经收治过一位乳腺癌的老奶奶，因术后进食不多和运动减少，3天未解大便，口服通便药品仍然无效，情绪异常烦躁，家属焦虑万分。护士晚查房时发现了这一情况，根据多年的临床护理经验，考虑病人是因大便干结而至排便不畅。她二话没说，马上戴上手套，用甘油灌肠剂为患者灌肠，协助患者解出大便。面对老人及家属的感谢，她挥挥手说，"没什么，这只是我们应该做的。"这双手是辛苦的、忙碌的，甚至有时还会留下伤痕，但这双手却体现着人间最美好的真情。

　　若有人问我："世界上谁的微笑最美"？我会毫不犹豫回答："是我们护士的微笑"。在病人呻吟时，护士的一个微笑能让患者的病痛减轻，能温暖一颗因疾病而变得冰冷的心，能使绝望的病人重新树立起战胜疾病的信心。

　　有一件事让我感动至今。那是我们病区收治的一例乳腺癌化疗的患者，由于她化疗后的呕吐情况比较严重，为保证患者的营养的状况，我们每天必须指导她多喝水。那天，我像往常一样，进病房查看病人进食情况，突然，她由于体位改变，呛咳了一下，呕吐的分泌物喷了我一身，浓烈的腥臭味让我一阵反胃。就当我要转身整理一下时，忽然看到病人一脸紧张，从她的眼神中我读懂了她的歉疚，"没关系，我只需要更换一下衣服就好了"，我微笑着说。当她呕吐情况缓解后，下床活动，见到我说的第一句话就是：谢谢您，您的笑真美！就在那一刻，我的内心感受到一种强烈的震撼……是啊，微笑犹如一缕清风，能吹去患者心中的忧郁与不安，微笑犹如一句简单的问候，能消弭病人的恐惧与陌生，是微笑让我们与患者之间架起沟通的桥梁。

若有人问我："世界上谁最美"？我会自信地回答："是我们护士"。护理工作没有轰轰烈烈的辉煌，却写满了简单而又平凡的爱，打针、发药、铺床、输液，我们在苦中呵护着生命；交班、接班、白天、黑夜，我们在劳累中把握着生命的轮回；在病患家属的期待和焦怨声中，我们守候着一个一个身患疾苦的病人……我们是捍卫健康的忠诚卫士，是我们为病人减轻痛苦，驱除病魔，南丁格尔在克里米亚战争中的功绩，白衣战士在抗击"非典"斗争中的贡献，这不是任何人都能做到的。面对人们用"白衣天使"来表达对护士形象美和内在美的深情赞誉，我们无愧！

谁是最美丽的人呢，那是乐于奉献的人，是像武汉大学中南医院肿瘤科李雁教授这样的人！是像李雁教授一样为病人奉献的护士们！

【作者：武汉大学中南医院肿瘤一科胡梅；编辑：方世平】

15. 李雁教授精神鼓舞我们——选你所爱，爱你所选

"草图医生　传递医学温度"、"长于治病　更精于救人"、"爱心耐心仁心　换来患者安心"……学习了李雁教授的先进事迹，瞬时心潮澎湃！生活在我们身边的李雁教授，以这样一种完美的姿态走进我们每一位中南人的心里！相信大家都和我一样，已经在心里悄悄地埋下了一颗向他学习的种子！

"大医精诚、敬畏生命"是我们中南医院的院训，李雁教授是这样诠释的：我理解的"大医精诚"，是从小事做起，品位平凡，拒绝平庸；"敬

畏生命"，是要医生对患者感同身受、一视同仁、换位思考。李雁教授是这样想的，也一直是这样做的！那一张张手术草图，不仅体现了他医术的高明，也展示了他对生命的尊重，更饱含了他对病人深沉的爱护！那一张张草图，无形中拉近了他与病人之间的距离，增进了医患理解与互信。医患双方更容易达成共识：对疾病的诊断达成共识，对疾病的治疗达成共识，对疾病的预后达成共识。那一张张草图，让他与病人的沟通变得简单有效，也让他远离了紧张医患关系的困扰！我们要向他学习！

我是一名在呼吸内科工作了十一年的"老护士"，在我的身边，其实也一直不乏这样的榜样。从我们的老主任徐启勇，到我们的现任主任杨炯，无一不是学术一流，且德高望重的教授；副主任程真顺医师也是医术精湛，且宅心仁厚；副主任高亚东医师科研能力顶呱呱；……还有一群富有爱心且充满活力的医生护士……在我们的团队里，个个都是好样的！

"程主任，1床病人在一楼CT室发生呼吸心跳骤停，喊我们下去抢救！"此时是中午12点30分，我和程顺真主任丢下饭碗，拎着急救箱冲下一楼，心脏按压、气管插管……一系列抢救措施到位后，将病人安全转运回病房。此时已过去了将近1个小时，我们的饭也凉了……

"程主任，新收的咯血病人在双通道高流量给氧的情况下血氧饱和度只有55%。""立即准备抢救。"这是一名护士和程主任的对话，此时是下午5点40分，下夜班的程主任还没有回家。当我们把一切急救器材准备到位的时候，杨炯主任和程主任已经查看完病人。"插管可能解决不了他的气道梗阻问题，把纤支镜推过来，准备下镜子。"这是他们得出的结论，此时是下午6点。镜子下去了，大家都惊呆了，好大的血凝块，左主支气管已经完全被堵死了，怎么办？如果不将它清理出来，病人无疑是死路一条；可如果将它清理出来，怎么清理，清理出来之后会不会造成新的出血？真是进退两难。"清！"片刻的思考过后，杨炯主任和程主任果断地作出了这个决定，此时是下午6点30分。管床医生、护士长和护士们都不约而同地没有下班，静静地站在旁边，或出主意，或递东西，或盯着纤支镜的屏幕。时间一分一秒地过去了，气氛变得异常紧张。用吸痰管吸，没有吸出来，用活检钳夹，没有夹出来；用异物篮反复试验多次，终于，功夫不负有心人，一个呈支气管树形状的大血栓被清理出来了！病人的血氧饱和度迅速升至95%以上，此时已是晚上 9 点 30 分。大家都笑了，笑得如此开心！3 个多小时的苦战没有白费，病人的病情好转对我们来说是最大的安慰。

这是呼吸内科监护室的一个个缩影，我们每天都如此工作。我们的程主任更是做出了表率，无论是上下夜班还是周末休息，病房里总能看见他的身影；只要是病人需要他的时候，他总能及时出现；"己所不欲，勿施于人"，他总是能站在病人的角度为他们着想；他常说他最大的愿望就是让所有患呼吸道疾病的病人都能顺畅地呼吸，享受属于他们自己的美好生活。他就像一只荆棘鸟，一直默默地为此而奋斗，乐此不疲。作为监护室的护士，我们每天都被他的仁心和对医学无止境的探索精神感动着，在他的耳濡目染之下，我们这个团队也异常团结和有活力。

呼吸内科向来以危重病人多、护理任务繁重、工作压力大而出名，患者病情急剧变化是常有的事，遇到抢救我们经常加班加点有时甚至整夜都不能休息！就这样，我们已记不清迎来了多少缕朝霞满天，多少个红日喷薄；也记不清送走了多少个斜阳黄昏，多少次西山日落！

我们像一只只勤劳的蜜蜂，每天在病房里飞来飞去，在病人身边问寒问暖，观察病情变化，解决他们的实际问题：病人痰液不易咳出，我们为其翻身叩背；气管切开脱机的病人，痰液干燥不易吸出，我们尝试各种气道湿化方法，让其痰液能够顺畅地引流；长期卧床的老年病人经常有压疮，我们认真仔细地为其换药，翻身，以增强其舒适感；长期卧床的老年病人还容易便秘，在用药效果不佳的时候，我们有护士戴上手套就去为其掏大便！无创辅助通气的病人，一般意识都是清楚的，所以他们会感到无比地恐惧，每当这个时候，我们会站在他们的身边，握着他们的手鼓励他们，告诉他们这只是一种治疗方法，跟打针吃药一样，不要害怕，我们会一直陪在身边！无创面罩戴在脸上很不舒适，我们还为其剪符合脸型的敷料贴在脸上，以避免压坏面部皮肤。

春节期间，我们科室收治了一位孕 28 周的 ARDS 患者，我们对那位女患者倾注了更多的关心与照护，病人呼吸窘迫，需要使用无创呼吸机，我们会经常去为她调节面罩的松紧度；病人头发很厚，戴面罩不舒服，我们就为她扎起了麻花辫；病人经常要喝水，我们就一遍遍地为她打开面罩又戴上面罩；我们还经常握着病人的手，给她加油鼓劲，让她感受到来自医护人员的温暖！

我们还收治了很多从外院慕名转来的患者，当他们治愈或好转出院的时候，都会特别地感激我们的主任和每一位医护人员，我们用自己娴熟的护理技术，对病人高度的责任心和真诚体贴的服务赢得了病人的赞誉。当他们握着我们的手说"我不会忘记你们的微笑"时，我们觉得自己的一切辛苦都是值得的！每当这个时候，我们浑身上下都充满了力量！

护士的工作是平凡的，也是充满挑战的。在日常工作中，我们会碰到形形色色的病人及家属，他们中的大多数是理解我们的工作的，当然，也有少部分不能理解的，他们或许对治疗效果不满意，或许对护理服务不满意，或许对医疗设施不满意，或许对后勤工作不满意，或许对收费不满意等等，由于我们在医院里是与他们接触最密切的群体，所以他们有气会朝我们撒，有怨会朝我们诉。当他们对我们横加指责的时候，我们也委屈，我们也愤怒，但我们不会与他们发生冲突，我们会调整自己的情绪，站在他们的立场去思考问题，将"爱人者，人恒爱之"，"己欲立而立人，己欲达而达人"铭记在心，然后动之以情，晓之以理，直到其满意为止。

我和我的护士姐妹们都很适合这个职业，因为我们都有一颗善良的心和一双灵巧的手！我们都希望呻吟在这里休止，痛苦在这里沉默！

"不积跬步，无以至千里；不积小流，无以成江海"，我们的李雁教授不是一朝一夕炼成的，他是在一点一滴的小事中感化了病人，是在日积月累的工作中积攒了口碑，现在，他正在以"选你所爱，爱你所选"的精神感染着我们每一个人……

"路漫漫其修远兮，吾将上下而求索"，我们在努力，而且会一直努力——朝着榜样的方向……

【作者：武汉大学中南医院呼吸内科吴长蓉；编辑：方世平】

四、管理者眼中的李雁教授

1. 心中的灯塔

"健康所系，性命相托"是我们医学生入学时的庄严誓言。如今我们步入职场，来到武汉大学中南医院，"大医精诚，敬畏生命"是我们武汉大学中南医院全体职工时刻铭记的院训。在这里医护管理人员与患者及家属之间有一种不可分割的联系，他们都在为身患疾病的病人担忧着、关心着、努力着。这里也时刻上演着一个个小小的故事，或是医生的精湛技术挽救了病人性命，或是病人离去的伤感画面，或是实习学生跟着老师查房的一幕幕，又或是实验室里大家一起汇报研究进展的场景，但偶尔也会有令人头痛的医患矛盾与纠纷。但最终都在促进医学的进步与发展。

医生是神圣而高尚的职业，在武汉大学中南医院这里，医生必须扮演三种角色，一是传道授业解惑的老师，二是治病救人的白衣天使，三是探索医学奥妙的研究者。面对这里的一切，初来乍到的我们可能会有少许的不知所措，会有迷茫，会因为没有目标而迷失自我。但是在这里有一个灯塔正在为我们指明方向，照亮我们前行的路，让我们看到了希望就在前方。他就是我们肿瘤外科的李雁教授。如果你站上讲台或在临床带教中，不知如何跟学生讲解，他就是你的灯塔，可以教会你如何趣味性地讲解专业知识，易学又易记，将教学当做你的乐趣，向李雁教授学习，你定会受到学生们的欢迎与好评。

如果你在科室处治病人时，不知如何跟患者及家属沟通，他就是你的灯塔，学习李雁教授"草图医生"的精神，耐心及细致地将医学专业术语转化为浅显易懂的一张张草图跟病人及家属进行讲解，清晰明了，你会得到病人家属的理解与支持，突然发现原来不是所有患者或其家属都那么难缠。

如果你还在为科研课题犯愁，不知道如何写科研基金，如何发文章，他就是你的灯塔，跟他学习对科研的执著与热情，临床工作之余亲自指导学生，一个个把关，逐字逐句修改文章，学习他的认真与负责的态度，你就会发现科研、文章都是小菜一碟。

在武汉大学医学部已经待了整整七年的我，早已把李雁教授当做我心中的灯塔。李雁教授为我们广大医学生带来希望，激起我们前行的动力，他让我们知道了只要带着梦想前行，一切皆有可能实现。他又是病人心中的希望，在病人心中，李雁教授技术精湛，是值得将生命托付的医生，在他的诊治下病人生存期明显延长，得到了病人及家属及国际卫生部门的认可和肯定。全国各地慕名而来的病人数不胜数。同时他还是所有科研工作者崇拜和学习的研究者，也是指导老师中的榜样，是大家心中不灭的灯塔！

还记得 2010 年刚进第二临床学院时的医学专业英语课上，李雁教授流利而略带山东口音的英语别有韵味，他跟大家分享了如何学习专业英语、如何记忆英语单词及如何写作等独家学习秘诀。一节简单的英语课讲得生动、活泼，让大家迅速感觉到学习英语原来可以如此简单、充满趣味，同时又特别实用。他不愧是同学心目中的良师益友。

还记得李雁教授讲座中提到，他对自己的研究生的要求是必须学会细致观察、准确记录、正确分析、严密归纳、深刻思考，还要做到能吃、能喝、能干、会说、会写、会想。他这样严格要求自己的学生，他自己也是以身作则，身体力行，他认为"身教重于言教，说再多不如带着他们走一遭"。

还记得李雁教授的一位研究生评价他说："我的导师李雁教授对待病人不乏耐心，对待我们十分严格，对待他自己要求苛刻"。每周的科研例会上，实验室每个学生必须汇报实验进度、实验中遇到的困难及文献阅读情况。他会对每个学生的实验亲自指导，帮助解决问题。他让学生们把自己写的文章大声读出来，积聚大家的智慧和力量逐字逐句地修改文章。所以李雁教授学生的文章接收率及发表质量都特别高。大声念出自己的文章可以更容易发现自己写作中的错误，也可以培养写文章的语感与思维。在他所带的已经毕业的 10 名博士研究生中，有 1 人入选武汉大学珞珈青年学者，1 人获湖北省杰出青年基金支持，2 人获得湖北省或武汉市优秀科学论文，2 人获得教育部学术新人奖，5 人 6 次获国家自然科学基金资助，3 人获国家发明专利。这些都是李雁教授在教学及学生指导方面取得的成绩，也是他辛勤培养的结果。李雁教授秉承了传道授业解惑的宗旨，培养了一批批的精英为社会做贡献。广大医护人员需要以李雁教授为榜样，行使一位教师的职责，带领学生们一起服务患者。

还记得在临床实习时，看到李雁教授在跟病人沟通时的一幕幕，是那么的温馨、感人。在如今中国这片土地上，医患矛盾十分紧张，医患纠纷事件不胜枚举。如何避免医患纠纷，缓解医患矛盾，除了医生精湛的技术外，还需要良好的医患沟通。在这些方面，李雁教授都做到了，并且做得如此出色。他一边交代病情，一边画图跟病人及家属解释病人的目前情况，需要如何治疗以及治疗的意义。他用图画讲解的方式不厌其烦地与患者和家属沟通，用爱温暖无数患者和家属，为医患之间架起了一座沟通的桥梁，诠释了"大医精诚、救死扶伤"的深刻内涵。一万余张"病情草图"和十几本"病情分析图"不仅是李雁教授兢兢业业、为病人服务的证明，这些图谱也是他智慧的结晶，是他多年经验积累的结果，更为其他医生留下了宝贵的值得学习的财富。他画图沟通的事迹被中央电视台等多家媒体报道，也被湖北省卫生计生委授予"人民好医生"的称号。作为正在黑暗中摸索学习的职场新人，在临床中一定会遇到各种各样的病人及家属，学会如何沟通是一门必不可少的技术。李雁教授在平凡的岗位上做出了不平凡的业绩，展现了新时期医者的崇高风范，是广大医护人员学习的榜样。

还记得当李雁教授打破中南医院获得国家自然科学基金重点项目零突破的时候，医院沸腾了，大家都为其振奋。李雁教授将医、教、研三者完美结合在了一起。除了在教学及临床中获得了卓越成就，他更是科研领域里的奇才。他将转化医学运用于临床转移性腹膜癌的治疗，面对难以对付的腹膜癌，他坚持不断改进和优化热灌注化疗方法，经过十几年的努力，终于将转移性腹膜癌患者的生存期平均延长了60%，并因此获得了学术上的重大突破，得到了国际医疗界的一致认可。在基础研究方面他将微观量子应用于腹膜癌的研究中，使腹膜癌发病、发展机制得到了突破性的进展。在李雁教授的带领下，新职工们要加快步伐，尽力追赶，为医学研究做出自己的贡献。

在追梦的道路上会有坎坷，但是也有着医生们自有的乐趣与成就感。当我们在教学中得到学生们认可时，就会更加积极参与其中。当在临床中看到生命垂危的病人经过我们的诊治得到好转时，我们会感到喜悦与成就感。当我们得到病人及家属肯定与感谢时，我们会感到欣慰与满足。当我们的努力得到上级医生的肯定时，我们也会因受到鼓励而振奋。当在科学研究中获得成就时，我们就会对科研更加专注、认真。苦中行乐何尝不是一种人生境界的提升。

对于新入职的我们来讲，灯塔可能在遥不可及的地方，沿着灯塔前行的道路必然会充满挑战与压力。但是大家要相信不论遇到任何艰难险阻，我们的李雁教授都会在前方引导着我们。他一直本着为病人服务的宗旨及为医学的进步而不断努力着。虽然他已被授予各种荣誉，但他仍谦虚、低调前行，继续着自己的医学事业。在医学教育、临床诊治病人及科学研究中他都在发挥着"灯塔精神"，奉献着自己的光芒，照亮黑暗中的心灵，为医学生、病人及医务工作者带去希望、关怀及力量，在前行的路上给予安慰、支持和鼓励。或许他在遥远的地方只是露出微光，但其实那里已经灯火通明。

有了灯塔的引导，面对未知，大家不再迷茫与恐惧，不再迷失与犹豫，而是充满力量，阔步向前迎接挑战，披荆斩棘，最终在未来的某一天你定会到达灯塔的顶端，俯瞰整片大地。此时的你也会在不知不觉间成为路人们心中的灯塔，默默地传递着李雁教授的"灯塔精神"，服务病人、服务社会。

【作者：武汉大学第二临床学院教学办公室胥欣；编辑：徐红云】

2. 绘画，无声的爱

我，有一个女儿，双双，快 2 岁了。她，圆圆的眼睛、嘟嘟的脸蛋、小巧的嘴巴、大大的耳朵，很是可爱。记得双双 1 岁 2 个月时，还不太会说话，但我发现她对绘画特别感兴趣，于是给她买来儿童画板。她非常兴奋，递笔让我画。我顿时冒出一身冷汗，对于绘画，我一直是个门外汉啊。最后迫于无奈，咬咬牙画了一只小狗，怕她认不出来还在小狗旁边画了一根骨头，就着画给她讲解小狗的特点。

我发现绘画对于小孩子认知事物有着极大的帮助，边画边给她讲比单纯给她讲使她印象更深刻！双双在 1 岁 5 个月时指着汉秀剧场大喊灯笼，1 岁 7 个月时看到绿色的货车说乌龟，1 岁 8 个月时能认出各种蔬菜水果，1 岁 9 个月时到公园能喊出荷花、莲蓬。现在我每天下班回家，她会从房间里跑出来用她努力伸直的小手抱着我的头喊妈妈，还会跟我说上好一阵子，那一刻我幸福极了，忘记了一切：忘记了 2 年来 700 多个不眠之夜的委屈，忘记了 2 年来头发变稀身体变虚的苦楚，更忘记了 2 年来艰难承受工作与家庭两座大山的重压。俗话说得好：一切苦难只为那片刻的幸福。

后来，当我了解到我院李雁教授也用绘画的方式告诉患者病情，这才顿悟：患者在医疗的领域不也正是如此么？可想而知，当患者面临病痛之时，正如无助的孩子需要帮助、安慰和鼓励！李雁教授正是把患者当成"孩子"一样，用绘画的方式直观地向他们展示着医疗这个神秘而高深的领域，帮助患者更好理解病因、病情及治疗过程，进而达到安慰和鼓励患者的目的！一位李雁教授的患者，曾激情澎湃地讲述了患病以来的心路历程：作为晚期腹膜癌患者，她至今仍坚强地活着，她万分感激李雁教授在她绝望的时候给了她生的希望！我想，也许就像我被女儿拥抱的瞬间一样，当医生得到患者的感激和尊敬时，这种强烈的幸福感会将所有的委屈、所有的苦楚、所有的重压都化为乌有了吧！

医生救死扶伤，除人类之病痛；教师教书育人，解灵魂之不惑！医疗战线的医生如此，教育战线的教师也应如此！

绘画这样的方式后来被我运用于辅导学生的工作中。学生亦如孩子，虽然成年但未成熟，有些道理虽耳熟能详但未能领悟透彻。几个月里，我曾用简易图画的方式成功让迷惘无助的学生转变思想观念、端正行为方式。记得一个毕业班的学生曾陷于对自己过去四年不学无术的不断自责中，我给他画了一幅关于人生长度和宽度的图，他后来彻底明白了如果毕业年每天都发奋学习，毕业时他所收获的一定能弥补过去四年的遗憾。现在每晚我都能收到他当日勤学苦读的图片！我不禁暗自欢喜，这对他真的起作用了！于辅导员而言，如果能在学生成长成才中真正起到作用，那将是一种莫大的幸福！当学生毕业临别之际与你难说再见时，当他们取得成就与你幸福分享时，当他们再次返校与你促膝谈心、细数当年时，他们不就像孩子一样正拥抱着你么？也许现在的一切辛劳、付出、奉献将会显得越发弥足珍贵，所有的委屈、苦楚、重压也都一笑而过了！

无论是予孩子的画、予患者的画还是予学生的画，这都源于一份崇高的责任，更源于一份无声的大爱！这是对孩子、对患者、对学生的挚爱！这是对生活、对工作的热爱！这是对小家庭、对医院大家庭深沉而无声的爱！正是因为这份无声的爱，我们总能感知幸福。当收获幸福的时候，所有委屈、苦楚、重压将会荡然无存，一切辛劳、付出、奉献将会变得更有意义！这股力量将使我们无所畏惧地前行，去为小家、为大家、为国家守护那份平凡而又伟大的爱！

终于明白：原来小小的绘画也能传递着无声的大爱！

【作者：武汉大学第二临床学院教学办公室刘砚青；编辑：徐红云】

3. 救人与树人　以心予工作

　　——做"李雁式"的学生辅导员

常听人们说，世界上有两种职业是最神圣的，一种是医生，医生救死扶伤，被誉为悬壶济世的"仁德之士"；一种是教师，教师教书育人，被称作"人类灵魂的工程师"，幸运的是这两者我都有机会去接触和体验。大学毕业后，我成为一名中南医院的医学生辅导员，承担起教育医学人才的重任。

记得第一天上班的时候，我就被办公室墙上挂着的《医学生誓言》所吸引，"救死扶伤，不辞艰辛，执著追求，为祖国医药卫生事业的发展和人类身心健康奋斗终生"，庄重的誓言让我感受到了肩上那份沉甸甸的责任。医学生是未来的医务工作者，学业完成之后将步入社会承担起"健康所系，性命相托"的工作。如何引导学生在人生重要的阶段树立正确的价值取向，在将来能除人类之病痛，助健康之完美，这是我在工作中时常思考的问题。慢慢地我发现其实医生和教师这两种职业有着极为相似的地方，医生治病救人，教师立德树人，两者工作同样神圣而崇高，都需要以爱心、耐心和责任心去关爱自己的工作对象，而这不仅仅是一种职业，更是一种责任，一种担当。我们身边就有这样一位榜样——李雁教授，他用精湛的医术、爱岗敬业的精神和博爱仁慈的情怀诠释了"以心予工作"的内涵并一直激励着我们去做"李雁式"的学生辅导员。

用爱心搭建沟通桥梁

"感人心者，莫先乎情"，入心田，方能知心声。李雁教授从医25年来，始终着眼于患者的需求，他选择通过绘画的方式耐心而细致地向患者讲解病情，一幅幅生动的图画帮助患者更好地了解了病情，减轻了对疾病的恐惧感，用朴实、无言的行动走进了患者的心田，拉近了距离，赢得了他们的尊重与信任。沟通是产生信任的基础，这是做好工作的前提，我们要学习李雁教授在工作中投入爱心和情感，面对工作对象，放下自身的架子，打破对方固有的畏惧感，让对方坦陈自身的困惑，用爱心搭建起一座沟通的桥梁。

"一年之计，莫如树谷；十年之计，莫如树木；终身之计，莫如树人"，只有不断地倾入爱心，耐心耕耘，才会"开花结果"。大学阶段正是学生成长的关键时期，往往老师们不经意间一句温暖的话语，一个鼓励的眼神，会对学生产生积极而长远的影响。因此，在做学生工作中，我们要学做"李雁式"的辅导员，把工作做深、做细、做到学生心坎里，勤做工作记录，熟悉学生情况，对生活困难的学生、学习困难的学生、网络成瘾的学生、存在心理问题的学生进行分类统计，以便有针对性地开展工作；勤跑学生宿舍和教室，了解学生的实际需求，给予真诚的关心和帮助；勤找学生谈话，多与他们交流，给予及时的指导，做到知学生情、解学生难。

爱心是工作的源泉，没有爱，如同池塘没有水一样，如果对患者没有爱心，冷冰冰地沟通只会增加医患之间的猜忌或误解；如果对学生没有爱心，就无法真正做到为学生排忧解难，学会用爱获得爱，用信任换取信任，去做心灵的守护者。

用创新永葆职业青春

"学海无涯，学无止境"，求探索，方能远嘱。医学职业是一份"活到老、学到老"的职业，社会的进步要求要树立"终身学习"的理念。在李雁教授看来，医疗服务不仅仅是治病，更是心理和精神的服务，为了更好地帮助病人及家属解除"心病"，在工作之余，李雁教授涉猎了大量医学人文的知识，不断更新知识体系，探索工作的新途径、新方法。创新是做好工作的灵魂，我们要学习李雁教授在工作中讲究艺术和方法，勤于思考，乐于探索，面对不同的工作对象，用不同的方法进行疏导和解惑。

"打铁需要自身硬"，只有具备良好的综合素质，才能当好学生健康成长的指导者和引路人。大学生思维活跃，求知欲强，视野开阔，兴趣广泛，带来了新的思想和行为方式。因此，在做学生工作中，我们要学做"李雁式"的辅导员，主动学习新事物、了解新情况，不断提升理论水平，改善知识结构，在课外时间应大量阅读政治学、教育学、心理学、管理学等方面的书籍，了解学生成长心理、掌握学生成长规律，不断强化自己的理论素质和职业能力，努力成为"教育专家"、"管理专家"和"心理专家"型的辅导员。

随着现代社会环境的发展和变化，无论是医生还是教师都对其专业要求和职业素质提出了新的挑战，面对工作必须勤于思考，乐于学习，在工作中不断创新，积极探索新方法、新问题，在工作中学习，在学习中工作，不断完善自己，学会"干一行、爱一行、专一行"。

用敬业心春风化雨育英才

"学高为师，身正为范"，律己者，方为表率。李雁教授肩负着临床、科研和教学三方面工作的重任，但从未懈怠任何一项工作，作为一名研究生导师，他重视年轻人的成长，始终对学生"爱在细微处，严在当严处"，在生活中，关爱自己的学生；在学习中，给予积极的指导，引导他们主动探索和思考，并且率先垂范，注重言传身教，用实际行动告诉学生如何治学、行医，如何去做一名好医生。我们要学习李雁教授在工作中真心待学生，为人师表，用高尚的医德和良好的师德感染学生，而这是对学生最生动、最具体和最深远的教育。

"其身正，不令则行；其身不正，虽令不从"，作为"授业解惑"之人，自身的言行会对学生产生重要的影响，应用模范行为来感染学生。学生们在成长的过程中，已经具有较强的分辨是非的能力，只靠说教不能完全使他们信服，必须用行动来影响他们。因此，在学生工作中，我们要学做"李雁式"的辅导员，培养学生具有团结互助、奉献敬业的品质，引导学生养成正确的时间观、纪律观、集体观，而教育和要求的前提是作为老师应以身作则，严格按照"政治强、业务精、纪律严、作风正"的标准要求自己，努力成为学生学习的榜样。

医务工作者服务的对象是具有思想和生命的人，医学职业的特点决定了从业者应具有高尚的情操、扎实的理论知识和过硬的实践技能。作为医学生的老师，我们应始终牢记教育的使命和责任，做好表率，用实际行动引领学生成长与进步，愿"丹心化作春雨洒，换来桃李满园香"。

医学是一门以心灵温暖心灵的科学，李雁教授本着对事业的痴心，对患者的爱心，对工作的进取心，用自己炙热的双手去温暖病人冷寂的心灵，用朴实的付出传递着爱，用自己的奉献精神诠释着一句话："生命的意义在于给予，在于奉献，而不在于索取"。这种精神是"大医精诚、敬畏生命"的体现，这种精神是对工作负责的体现，正是这种精神，让病人看到了生存的希望，让学生感受到了职业的荣光，让同仁们明白了肩上的使命。

医学生毕业后将会走向工作岗位，从事与人的生命息息相关的工作，而医学教育承担着为医学事业培养和输送专门人才的重任，作为医学生辅导员应牢记工作职责，学习李雁教授爱岗敬业、执著奉献、开拓进取的精神，争做"李雁式"的辅导员，引导和教育学生对职业充满敬畏、对患者充满关爱。只要我们用心去浇灌一棵棵小树，为学生成长为栋梁之才催生枝叶，终究会助他们长成参天大树。

【作者：武汉大学第二临床学院教学办公室孙婷；编辑：徐红云】

4. 学习李雁教授先进事迹有感

2014 年 4 月以来，自楚天都市报先后以"25 年画万余张草图为患者讲解病情"、"将心比心　最见医者父母心"、"央视聚焦'手术速写师'大医情怀"、"绘图讲解是对患者知情权的尊重"、"画图医生病例档案映照医者仁心"和"医生不能成为简单的看病机器"为题进行了 6 篇系列报道后，湖北日报、中央电视台、人民日报和健康报等一大批中央主流媒体，对我院李雁教授的先进事迹进行了一系列报道和评论。虽然没能在现场聆听李雁教授的先进事迹报告，但通过对李雁教授先进事迹系列报道的学习，还是真切感受到了爱岗、敬业、诚信、友善在李雁教授身上的充分体现。

第一，善于总结。行医 20 多年的医生大有人在，但是像李雁教授善于总结其多年行医的感悟与思考，并将其升华为一种独特的医学哲学思维体系的医生凤毛麟角。他通过优秀的方法论总结得出临床医学涉及的三重世界，即物质世界、精神世界和灵魂世界。通过缜密的思考和反复的总结，得出"努力达到认知对等"是医患沟通的核心。这虽不能彻底解决当前普遍存在的尖锐医患矛盾，但为构建和谐的医患关系提供了努力的方向，至少通过他的身体力行可以看出，李雁教授总结出的行医哲学理念加上矢志不渝的工作态度使得"关爱病人，以人为本"的大医情怀在他身上得到了淋漓尽致的体现，同时也得到了患者的高度认可和社会的极高赞誉。

第二，善于思考。没有充分发挥主观能动性进行思考而去总结，犹如巧妇难为无米之炊。思考与总结，就像勤与俭一样不可分割。如果没有积极的思考，李雁教授不会发现简洁易懂的示意图是解决医患双方认知不对等最有效的方式之一；如果没有积极的思考，李雁教授不会总结出"深入浅出"、"显而易见"是关键。事实告诉我们，通过这些出色的哲学分析方法，李雁教授成功地将晦涩难懂的医学专业语言转变成通俗易懂的大众语言，与患者建立起了有效的沟通桥梁。这些都与其不断的换位思考，不停的总结沉淀密不可分。

第三，善于挑战。随着科技的不断进步，人类医学也达到了前所未有的高度，但我们不得不承认对于疾病的认知能力和诊疗水平还存在很大局限，这需要我们努力探索和不断改进。我个人认为医学没有冷门，随着医学的进步，我们逐渐在走向由"专科"向"专病"的学科发展导向。要想在某一领域有所突破并小有成就，必须亲历临床，必须深入实践。李雁教授勇于挑战，集中精力对腹膜癌进行了长达十余年的系列攻关研究，充分发扬坚持不懈、吃苦耐劳的科学精神，大胆设想，小心求证，其高水平的研究成果获得了国际、国内同行的高度认可。李雁教授的先进事迹引起了社会上的强烈反响，他以耐心细心、矢志不移的工作态度书写着"关爱病人，以人为本"的大医情怀；他以尊重患者、热爱生命的职业操守诠释着"大医精诚、敬畏生命"的丰富内涵；他以不断探索、勇于挑战的科学精神践行着崇尚科学、勇攀高峰的生命理念。他的事迹给武汉大学和中南医院带来了正能量，同时也反映了武汉大学和中南医院的厚重文化底蕴和良好成才环境，他是医院一张闪亮的名片，更是一面光辉的旗帜。

在学习李雁教授的事迹中，我深刻体会到自己在多方面存在不足和有待进一步提高，通过对比分析，李雁教授事迹对我个人启发最大的有以下三个方面：

第一，立即开始行动。李雁教授能在繁重的医疗工作和科研任务下，依然坚持25年画上万张草图，说明其管理时间合理，执行效率较高。我个人认为在这方面存在一些不足，要深挖思想上的病根，不能为自己的"拖延"寻找理由和借口，不能总在行动之前先让自己享受一下最后的安逸。这是一种极其不好的行为习惯，应当引起自己的高度重视，从思想意识上消灭拖延的借口，如"条件还不充足"、"行动已经来不及"和"它是我不喜欢做的事情"等。立即行动，才能保持较高的热情和斗志，才能提高办事的效率和成功率。

第二，形成良好习惯。"看图说话"是李雁教授坚持多年的医疗和科研习惯。正是这种良好的习惯不仅让李雁教授获得了患者的广泛认可，也让李雁教授取得了不菲的学术成果。就我个人来说正处在事业起步阶段，起步之初养成良好的工作习惯，相信以后对我自己的发展会有很大帮助。这需要个人根据自己的本职工作，不停摸索与琢磨，总结提高个人工作效率的良好习惯。同时，也需要不断向前辈虚心请教，认真学习，从中汲取经验，为自己以后更好的工作奠定良好的基础。积极思考、不断总结是形成良好习惯的关键。

第三，坚守成功信念。相信没有坚定的信念和矢志不渝的探索，李雁教授在攻关腹膜癌的道路上不会取得如此大的成就。虽然有很多种途径和方法可以让个人在某个领域成为像李雁教授一样的专家。但我个人认为唯一不能选择的就是需要坚定的信念。任何一条成功的道路都不会一帆风顺，要想成为中南医院在某个领域的专家，除了不停学习和不断努力，更要坚持的就是一份坚定的信念。"路漫漫其修远兮，吾将上下而求索"。

【作者：武汉大学中南医院科研处乔梁博士；编辑：姚洪生】

5. 星辉熠熠，医路启明

还记得吗？多年之前，我们都还是刚迈进医学院的新生，在肃静的学校大礼堂里，我们举手握拳，宣读医学生誓言，"我决心竭尽全力除人类之病痛，助健康之完美，维护医术的圣洁和荣誉！"一字一句神圣庄重，心中升腾起的是对医生这个职业的敬意和治病救人的使命感。

医学知识是一片浩瀚无边的海洋，谁没有过在自习室通宵苦背内外妇儿砖头一样的课本；谁又不是在实验室里一天天苦苦守着实验结果？我们期待这些努力能得换来的至少是人们的敬意和尊重。但是，我们看到的却是社会上医患矛盾频发，病人用尖刀捅向医生的胸腔！满腔的热情被狠狠地泼了一盆又一盆冷水；我们迷茫，焦虑，愤恨；我们中的有些人一改初心，从医生的战线上黯然退了下来。于是，我们像在晦暗的海域里飘零的小船一样迷失了方向。但是，值得庆幸的是，当我们仰起头的时候，前方却是星群光芒熠熠。裘法祖、桂希恩、李雁……这些医学名家的名字和故事在我们的耳里来回传颂，让人想要了解更多，走得更近。

很幸运，我成了武汉大学中南医院的一名新职工。在新职工培训的会场上，我们亲耳聆听了李雁教授本人的演讲。他和我们交流自己从医的心得，他低调而朴实；他说年轻的医生们要在岗位上踏踏实实地积累；他说只有团队合作才会有所成，说的就是他自己几十年来的执著与坚守。

医院，是一个把人的生老病死都汇聚放大的地方。当我第一次随着老师在临床见习时，走在长长的病房走廊上，心里感受到的是让人窒息的沉重，病房里有那么几双绝望而悲伤的眼睛深深地刻在我的脑海里。生命如此脆弱，当病痛甚至死亡的黑暗来临时，过普通人的生活都变成奢望。在我国，腹膜癌每年发病人群有 30 万到 40 万，但它的治疗技术难度太大，不是一块容易出成绩的沃土，20 世纪以来，许多研究者常常对其绕道而行。但是，生命休戚与共，难道我们就要因此旁观，而毫无作为吗？李雁教授没有对它避而远之，而是决心有所推进。经历十多年的日夜钻研，他的团队成功地将腹膜癌病人的平均生存期延长了 60%，被国际同行称为"里程碑式的研究"。落到实地，那就是一位位腹膜癌病人，在绝望的境地里又重见生机的光亮。这是一位专家在学术上的探索，更是一位医生对生命的敬畏。

希波克拉底说，医术是一切技术中最美和最高尚的。医学不是冰冷地拿放手术刀的科学，而是温暖的治愈生命的科学。李雁教授常常说，"长于治病者，却可能疏于救人。"医生更应该为病人传递积极的正能量。

肿瘤，简单两个字，却令多少人谈之色变；李雁教授认为这就像人们在面对黑暗时，恐惧是因为未知。破解的关键就是让病人和家属充分理解病情和治疗方案。通过多年的探索，他发现画病情示意图加上讲解，与病人和家属的沟通效果最好。于是，他备着厚厚的 A4 纸，一笔一画为病人和家属讲解病情、手术方案……25 年来，他画出了一万多张病情草图，也造就了"草图医生"和"手术速写师"的美名。过去的一幕幕已经被时间的脚步碾碎，但是却从未被人们遗忘；年龄不同，职业不同，社会地位不同，经历不同，但在接受新闻采访时，病人和家属们同样都用最质朴的语言，诉说对李教授的深深敬意；有的病人甚至坚定地从北京慕名来到武汉，寻找李雁教授治疗。医患之间本该如此，病人将身体交给医生，一如教徒将灵魂交给牧师，他们站在一起共同对抗疾病，捍卫生命和健康。

秋夜，风起，往医院的方向看去，病房大楼灯火通明，还有那么多我们的医护人员在坚守岗位。一如雷涅克所说，在一个人决心要成为医生的那一刻起，就已经在身上系上了要背负一生的锁链，这锁链便是一位医生对万千性命许下的承诺。如今，我们背负这个承诺在武汉大学中南医院开启了职业之路，未来的路途上会遇到鲜花拥簇，也会遇到荆棘丛生；虽然不是每个人都会扬名饮誉，成为一代名医，但我们不会忘记那些熠熠闪耀的、如李雁教授一样的医学明星们会一直照亮我们前进的道路，让我们在努力追逐星辉的路途中也划出了属于自己的轨道。

【作者：武汉大学中南医院综合统计室张赟；编辑：姚洪生】

6. 夏夜抒怀

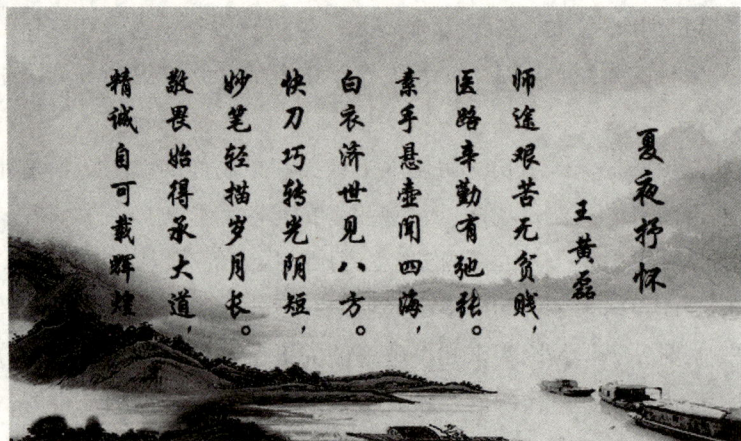

夏夜抒怀　王黄磊

师途艰苦无贫贱，
医路辛勤有弛张。
素手悬壶闻四海，
白衣济世见八方。
快刀巧转光阴短，
妙笔轻描岁月长。
敬畏始得承大道，
精诚自可载辉煌。

【作者：武汉大学中南医院教学办公室王黄磊；编辑：徐红云】

7. 向李雁教授学习，做好科研管理工作

李雁教授从医 25 年来，坚持为患者画草图万余张讲解病情的接诊故事经中央电视台、《楚天都市报》、《湖北日报》、人民网等媒体报道后，引起社会各界广泛关注并产生强烈的社会反响，省卫计委授予他"人民好医生"荣誉称号。医院党委和行政决定，在全院开展向李雁教授学习的活动。5 月 20 日我们有幸聆听了李雁教授"践行院训、爱岗敬业、坚守梦想、不懈努力"先进事迹报告会。

报告会上，李雁教授从临床医疗、科学研究和医学教育等三方面讲述了自己的工作和体会。他分析当前医患关系紧张的原因是沟通交流不够，认为临床医疗不仅仅是治病救人，还要帮助他们解决心理问题，具体做法就是换位思考、沟通交流、摆事实讲道理，经过多年摸索，发现简洁易懂的示意图就是最有效的方式之一，用耐心和细心来达成和病人的共识。在医学科研上，敢于直面难题、大胆设想、小心求证、不断探索和创新，在过去的 12 年中一直潜心研究、努力探索针对腹膜癌的综合诊治新策略，获得了完整的循证医学证据链，创建了科学易行、便于推广的腹膜癌综合诊断和治疗技术体系，为推动临床诊疗技术的进步做出了实质性贡献。在医学教育上，严格训练医学生，并且以身作则，身体力行，率先垂范，用自己的言行培养了一批具有创新能力的研究生，在各自工作事业上取得可喜的进步。

李雁教授给我印象最深的就是爱岗敬业和有效沟通。爱岗，就是立足自己的岗位，热爱本职工作；敬业，就是用一种严肃认真的态度对待自己工作，勤勤恳恳、兢兢业业，忠于职守，尽职尽责的工作精神、工作作风。李雁教授对待患者，抱有一颗怜悯之心，时刻替患者着想；对待工作有着强烈的责任心，没有强烈的责任心就不可能把自己的本职工作做到极致，可能一些微不足道的小事处理不好，就会产生认知不对等，诊疗行为结果和患者心理预期产生偏差。他用爱心、耐心和责任心赢得了病人的信任，增进了病人对医生的理解，在临床科研上不懈努力和探索创新精神，在教学上对学生的严格要求和言传身教都是他爱岗敬业的充分体现。李雁教授认为医患矛盾主要是双方缺乏沟通、知识不对等造成的，所以通过图

解病情的方式与患者充分沟通，找到了一把"打开医患关系症结的钥匙"，用真诚化解医患矛盾。

通过对李雁教授先进事迹的学习，如何将爱岗敬业和有效果沟通体现在我们的工作中，以下是我的几点体会：

爱岗敬业就是热爱科研工作，需要有奉献精神

爱岗是人们对工作态度的普遍要求，一个人只有爱上自己的职业，身心才会融入其中，才能脚踏实地、扎扎实实做好本职工作。科研管理基本职能是为科研工作服务，过去科研管理只是根据上级部门的规划安排，上传下达，当好"传令兵"就能完成任务，现在国家的各级各类项目都需要通过主动的组织策划、协调管理才能取得，所以信息对管理起着决定性作用。这需要我们在深入了解科研人员和学科的特色、特长，熟悉国家相关政策、法规以及国内外科技动态情况下，才能为科研人员提供优质的信息服务，在国家科技投入一定的情况下取得更多的项目，产出更大的效益。要主动帮助他们与各级各部门建立密切联系，为他们搭建交流的平台，积极主动对外宣传研究成果，不断拓展获得项目的渠道，虽然管理人员本身很难做出惊人的成就，但能从科研人员的成功中分享喜悦，所以科研工作需要我们管理人员有默默无闻的奉献精神。

爱岗敬业就是精于科研工作，要有创新的精神

爱岗敬业不仅仅是任劳任怨、加班加点。科研管理是一门学问，如何在科研管理中实现制度化与人性化的和谐，实现全院科技核心竞争力整体的持续提高，要求我们管理人员懂科研、善管理。

（1）要熟悉科技管理全过程。例如项目管理，我们要通过各种渠道了解科研项目申报信息，耐心地向科研人员讲解各类科研基金申报的注意事项，项目获批后指导他们合理使用科研经费，督促项目负责人保质保量完成研究任务，帮助指导他们申请专利，申报各级各类奖励。每项工作既有很强的专业性，又非常琐碎，稍有不慎就会给科研人员造成不良后果。所以要求科研管理人员在大量繁琐的日常管理工作中，既要细心，又要有耐心。

（2）要树立以人为本的思想。根据国家方针政策并结合医院实际，制订适合医院发展科研管理制度，激励和约束各阶段活动的进行。如医院科技奖励办法随医院科研发展进行相应调整，2010年奖励办法修订后，医院在科研立项、科技产出、人才培养、学科平台建设等方面取得显著的成效；医院对纵向项目实行全程规范化的管理，对项目进行定期的检查，并提供实验平台的服务，强化管理目标，提高了项目负责人的科研意识和责任意识，增强了课题负责人的自觉性和主动性，为科研持续发展奠定基础。

（3）要不断学习。科研管理具有专业性强、涉及面广、管理难度大的特点。不仅要处理好上级主管部门、单位、专业、个人等方方面面的关系，使科研工作的开展协调、顺畅、高效；还要使科研各要素达到优化配置。所以我们通过学习现代管理理论和方法，了解国家相关法律法规、国家科技发展规划，有针对性地补充和更新相关专业知识，把自身的能力建设当做工作的一部分，形成一种制度，以便在实际工作中取得良好的绩效。我处自2013年8月以来开展的管理例会制度，定期拟定相关专题进行学习，内容包括时间管理、如何进行有效沟通、科室内务管理等，有效提升了全处工作能力和工作效率。

（4）要勤于思考，善于总结。科技管理工作要有创新的精神，要勤于思考，善于总结经验。工作中要善于收集数据、信息，并对信息加以分析和梳理，以便为今后科研提供指导性意见和建议，另一方面也可以将经验总结形成论文，使知识不断加固、完善，以提高自身解决问题的能力，提高参谋、管理和服务能力。

党的十八大提出，富强、民主、文明、和谐是国家层面的价值目标，自由、平等、公正、法治是社会层面的价值取向，爱国、敬业、诚信、友善是公民个人层面的价值准则，这24个字是社会主义核心价值观的基本内容。李雁教授以他的信念、全心全意为人民服务、率先垂范、崇尚医德和清正廉洁真实体现了社会主义核心价值观。所以我们要以李雁教授的先进事迹作为榜样，踏踏实实做好本职工作，以自己的实际行动践行社会主义核心价值观，为医院发展贡献自己一份力量。

【作者：武汉大学中南医院科研处邹晓沨；编辑：姚洪生】

8. 积累的力量

"合抱之木，生于毫末；九层之台，起于垒土"。

积累——是推动世界和人类发展不断向前的最为强大、无与伦比的力量。海洋、山川、文化、科技、艺术……一切沧桑巨变、一切伟大不朽、一切成就突破都来源于点滴的积累。万事万物，没有量变的积累，就没有质变的飞跃。

正如医学的发展，是靠无数的医者，无数个日夜，无数个病例一点一滴的经验、教训、发现、研究、创新、总结积累起来的力量才凝聚、构建起了如今的医学殿堂。

积累的力量是可以改变世界的力量，但这种力量是一丝一毫组成的力量，是一分一秒持久的力量，更重要的是，这种力量是每个人都蕴含的力量。

在我院李雁教授身上，我看到了这股力量！

应该说，李雁教授并不是一个伟人，他如同千万医者一样——治病救人、科学研究、教书育人；没有什么与众不同，没有什么曲高和寡，没有什么高不可攀。不一样的是什么？

从医 25 年；

10000 余张病情分析图；

主译专著 1 部，参编专著 3 部；

获国家发明专利 1 项；

湖北省科技进步二等奖 1 项；

发表研究论文译著 82 篇。

数字，是可靠的参考，是客观的评价，这些数字缓缓叙述出李雁教授的不同——长久的、点滴的、平凡的、执著的积累。

10000 余张草图只是他的行医特点，背后却是万千的讲解、万千的耐心和万千的尊重；是这些打动了病人，是这些温暖了病人，是这些救治了病人。

科研的成功是他从量变到质变的飞跃，背后是他敢于挑战全球难题的勇气和胆量，是他日日夜夜的坚守和汗水，是他不断超越的理念和智慧；

是这些攻克了难关，是这些战胜了病魔，是这些铸就了成功。

　　桃李满天下是他用心培育的结果，背后是他严谨踏实的治学态度，是他关爱学生的谆谆教诲，是他甘做园丁、人梯的奉献精神；是这些感动了学生，是这些锤炼了他们，是这些给了他们飞翔的翅膀。

　　所有的这些，没有惊天动地，没有华而不实，没有一蹴而就，它们贯穿在生活中的方方面面，体现在工作中的点点滴滴；如此的细微，如此的沉默，如此的平凡；而当它们乘以时间，却又变得如此强大，如此耀眼，如此辉煌。

　　积累，好像无数的细沙与石子，没有它们的存在，哪有高山峻岭的雄伟巍峨；积累，好像滔滔不绝的江河，没有它们的汇聚，哪有汪洋大海的浩瀚波涛。只有踏踏实实的积累，才有后来实实在在的收获。只有点点滴滴的努力，才有后来轰轰烈烈的成功。

　　而我们每个人都拥有积累的力量！只要我们有勇气，有智慧，更有毅力；只要我们忘记生活的不公，抛弃不满和愤懑，秉持愚公的精神，从小事做起，从细节入手，像李雁教授那样甘于平凡却不甘于平庸，一丝不苟却视野开阔，不断重复却追求创新，相信我们一定能够取得自己的成功。而最后，当我们积累的力量汇聚到了一起，这股无比强大的力量也将使我们的医院拥有更加璀璨辉煌的明天！

　　　　　　　　　　　　【作者：武汉大学中南医院团委吴鹏；编辑：姚洪生】

9. 大医精诚　服务至上

　　　　——向李雁教授学习的体会

　　有一种力量让人感动，它就是大爱无声；有一种奉献震彻心扉，它就是热血豪情。武汉大学中南医院李雁教授，勇于钻研、甘于奉献、淡泊名利，用自己的实际行动，践行了落实科学发展观，创先争优这一时代使命，李雁教授普通而又不平凡的人生经历给我们带来了富有现实价值的启迪与思考。

　　学习先进人物，就是要学习他们对科学事业不断追求的精神。

　　李雁教授是武汉大学中南医院肿瘤外科专家，具有丰富的理论知识和临床经验，在医疗服务和医学科研的岗位上创造了非凡的业绩，他是我们全院学习的榜样，也是整个医疗卫生战线上学习的楷模。

多年来，由于腹膜癌治疗技术难度太大，在 20 世纪，肿瘤学研究对这一领域往往选择绕道而行。以往一旦肿瘤出现腹膜转移，大家就习惯于把它笼统地称为"癌症晚期"或"终末期"，实行姑息治疗。"这是一个很大的患者群体，我们不能一直束手无策，不能一直看着病人绝望下去。肿瘤学界迟早要面对这个难题。"李雁教授决定要攻一攻这个堡垒，他以超乎寻常的决心和毅力，刻苦探索，顽强拼搏，攻克医学难题，勇攀医学高峰，创造了非凡的业绩。

2006 年，李雁教授的研究成果获得国家科技进步奖一等奖。2012 年，李雁教授在第八届国际腹膜肿瘤大会报告了临床研究结果，被国际同行称为"里程碑式的研究"。

"腹膜癌一直是肿瘤治疗学中的'老大难'问题。'老'是指这个问题由来已久，'大'是指受危害的患者群体大，'难'是指一直缺乏满意的治疗措施。"李雁教授介绍，腹膜癌的典型代表是胃癌、结直肠癌、卵巢癌等肿瘤转移所形成的肿瘤。在我国，每年腹膜癌发病人群有 30 万~40 万人。方敏是李雁教授的博士研究生，在她看来，自己的导师是一个真正的转化医学推动者。"老师常常告诉我们，做好科研的前提是做好一名医生，这样才能基于临床需要做研究，缩短研究成果和临床应用之间的距离。"

"医学科研不能追求华而不实，而应该脚踏实地，强调以患者需求为中心，同时充分考虑到我们的国情现实"李雁教授说。面对腹膜癌这一肿瘤界公认的"老大难"问题，他没有选择绕道而行，经过十几年的努力，终于将患者的生存期平均延长了 60%。

我们要学习他在科学事业上不断追求的精神，在工作思路上求突破，思路决定出路。要积极动脑筋想办法，敢思敢想，善于用新思维、新方法解决新问题，主动探索、迎难而上，把困难和挑战当做思路创新的机遇。

学习先进人物，就是要学习他们一心为民，服务群众的宗旨。

李雁教授面对癌症患者，有无限的同情，他在与患者沟通的过程中从来不吝讲解，一边讲还一边画图以方便患者理解。从医 25 年来，他累计画出讲解病情和手术过程的草图超过 1 万张，被誉为"草图医师"。

"人们恐惧黑暗，是因为不知道黑暗中有什么。肿瘤患者也是如此。"

李雁说，谈癌色变是公众的普遍心态。要让病人放下心理包袱，积极配合治疗，医患沟通必不可少。摸索多年，李雁教授发现，在跟患者和家属沟通中，画一张简洁易懂的示意图是最有效的方式。

2014年4月11日凌晨3时30分，李雁刚刚走出中南医院外科楼手术室。从前一天下午3时开始，他一直在抢救一位26岁的卵巢癌腹膜转移患者，回到办公室，他疲惫得瘫坐在椅子上。看到尾随自己而来的患者父亲老夏，李雁拿出手机，点开刚刚在手术中拍下的影像记录，开始讲述手术情况："肿瘤转移到了肝膈肌、肠系膜，但已经被我们一颗颗全部切除，又进行了热灌注化疗……"开始"画图"。为患者家属作详细的解释。此前，老夏已经带着女儿跑了多家医院，做过3次手术，病情却始终没有好转，一家人心急如焚。就在经过这次治疗的9天以后，女儿出院了，至今恢复良好。

"长于治病者，有可能疏于救人"。李雁认为，如果医生仅从临床医学出发，关注的只是导致疾病的原因，而忽略了患者的心理问题。关注病灶是治病的前提，关注患者的感受和情绪，才能救人。他与患者之间的沟通并不局限在医院里。在他的手机上，储存着每一位经他救治过的患者的电话号码，他坚持定期与这些患者联系，及时掌握他们的身体状况，为他们答疑解惑。"医学的最终服务对象是人，我们采用的诊治方法要考虑到社会大众的普遍接受程度，让多数患者受益。"尤其在公立医疗机构，我们采用的诊断治疗方法更要考虑到社会大众的普遍接受程度，而不是瞄准高端人群。"李雁的理想是，寻找一些技术门槛和经济成本都不太高、易于推广普及的办法，把腹膜癌诊治这块坚冰打破。李雁教授说，医生如果把这些问题一一讲清楚，多数患者和他们的家人自然会对治疗结果有合理的预期。当感受到医生的细心和耐心时，无论从情感上还是从道理上，患者和家属都更容易与医生达成共识，事后发生医患纠纷的可能性将大大降低。

在李雁教授那里，我们感受到了所有的为病人着想的初衷，他潜心钻研，一切为了服务群众，我们要学习他一切为了病人的服务宗旨。

学习先进人物，就是要以先进人物为榜样，以他们的精神为动力，扎实做好本职工作。

创新是一个行业、一个单位或部门不断进步的新鲜血液、活水源头。学习李雁教授的精神，做不断追求、勇于创新的新时代青年。

恩格斯说，人类思维是"地球上最美的花朵"，而创新思维更璀璨。当前各项工作的争先恐后，实际上就是创新的争先恐后，这是形势发展的必然要求。为不断提升本职工作水平，圆满完成各项工作任务，要正视工作中遇到的各种困难和问题，要以饱满的热情和昂扬的斗志积极投身到创新工作中去，积极培育创新思维。在今后的财务工作中，我们也应当在现有事业单位财务管理体制下，不断探索创新，增强财务分析能力，提高医院的综合管理效能。这是自我学习先进人物带来的收获。

多年来，李雁教授始终心系病人、心系医院、心系医学事业，时刻谨记自身职责，恪尽职守，无私奉献，实现了人生价值。学习李雁教授对待病人的真情实感，学习他勇挑重担，勤勤恳恳，任劳任怨，在平凡的岗位上做出了不平凡的业绩，这是一种担当精神的体现，尽职的诠释。社会为每个人提供了干事创业的舞台，我们不仅要做好本职工作，还要勇敢地担当起事业的发展，担当起群众的企盼，担当起社会的嘱托，担当起历史的使命，在担当中努力做好本职工作，更好地为临床一线服务。

【作者：武汉大学中南医院财务处余果；编辑：姚洪生】

10. 誉满杏林，情溢满院

有这样一个人，始终把提高临床疗效、高尚医德作为职业灵魂；有这样一个人，他不计较个人得失，兢兢业业，躬亲力行坚守临床医疗一线；有这样一个人，他本着"以人为本，以患者为中心"理念，坚持为患者画草图讲解病情，用真诚感动着每一位患者。他就是我院肿瘤科的李雁教授，从医25年来，他从未忘记过一个医生的职责与道德的准线，牢牢铭记着"大医精诚，敬畏生命"的院训，秉承古杏遗风，默默地用行动温暖着每一位患者。

一直以来，李雁教授孜孜矻矻，在医术上精益求精。腹部肿瘤科属于我院的重点专科，无论是院外还是院内都给予了极大的关注和高度的重视，为了使我院病人得到更好的、更前沿的治疗，李雁教授总是不断地从各种途径汲取新知识、新观点，与科室内同事团结协作，不断开展新技术、新疗法，大胆创新，总结经验，吸取教训与经验，用最新的、最成熟的治疗理念、手术技术服务于患者，减轻患者的精神负担，提高生存质量。

对于一名患者，来我院就诊，就意味着他对这个医院对这个医生的信任，正是因为这份信任才会让他把生命托付给我们，这不仅仅是对医院的一种肯定，更是对医生医疗水平最高的认可。

患者代凤兰女士曾讲述了她来我院找李雁大夫就诊经历。55 岁的她住在仙桃，至于今李雁教授为其实施腹膜癌手术已有 8 年之久，创下了该疾病患者国内最长生存的纪录。代女士说，患病后，在李教授的帮助和鼓励下，她经历了一个漫长的恐惧时期。正是李雁教授的和蔼与耐心的态度，以及不厌其烦画草图向家人讲解手术方案，认真回答她们的每一个疑惑，让她一步步恢复了自信，有了积极的心态，慢慢主动配合治疗。李雁教授就像一只温暖的手，融化了一颗冰冷绝望的心、为她带来了生的希望。出院回家后，李雁教授还不忘询问病情控制情况，至少每半年都会打电话来进行回访。代女士还说：当初准备送一个红包以表达对李教授真诚谢意，却当场被拒。现如今回想起来，仍然感动。能遇到像李雁这样一个仁心仁术，既有高超的医术，又有优良的医德的好医生，真是不幸中的万幸。

李雁教授之所以深受患者的爱戴，得到医学权威的敬重，与他几十年如一日，孜孜不倦，无怨无悔的付出紧密相连。他以身作则，心怀大爱，用自己的一言一行，诠释着一名医者的责任与情怀。拿起手术刀，他是医生，救死扶伤是他义不容辞的神圣使命；放下手术刀，他胜似亲人，无微不至地为每一位病人操劳着。手术刀割去的是病人的痛苦，留下的却是医生和病人间的一份真情。

李雁教授一丝不苟和忘我的精神让我们每一位同事都深受教育，在当今医患关系紧张的社会下，是他的大医情怀，设身处地为病人着想的举动，赢得了患者尊重与信任。作为一名医者，只有得到患者的信任，才能把专业技术彻底地发挥出来，才能在实践中不断提高。李教授是我院的榜样，他始终把病人的利益放在首位，全心全意为患者服务；他敢为人先，勇攀医学高峰的创新精神；他恪尽职守，视病友如亲人，维护医学的圣洁与崇高；他甘为人梯，毫无保留地向其他人传授经验。这一切的一切都是我们应该学习的精神，是我们工作的目标所在。

　　虽然我们在医院的后勤岗位上，不能像医务人员一样工作在救死扶伤第一线，也不能日夜面对一群手足无措的病患，但是这并不表示我们的工作可以懈怠，我们的工作就没有其重要性与价值可言。如果临床是奔赴战场的前线部队，我们就是他们的后备军，保障他们的各种所需。只有后备保障齐全，前线才能全力以赴，勇往直前，取得胜利。而也只有前线部队所向披靡，取得胜利，我们后勤工作才有意义与价值。

　　后勤工作是医院工作中必不可少的重要组成部分。后勤工作贯穿于医院工作的每一个环节，是医院正常运转的重要支持和保障系统。它直接关系到医院的医疗、教学及科研工作的正常运转。后勤主要负责水、电、气的保障，房屋维修，各种物资采购和供应、物业管理，污水处理，洗衣房、饮食中心的管理及通讯保障等工作。后勤工作具有其特殊性，具有突发性和随机性等特点。我院后勤尚存在一些不足，但相信通过大家的共同努力，会渐入佳境。

　　这次通过学习李雁教授的相关事迹，我和大家有很大的启发，感慨也颇多。我们应当把李雁教授的精神应用到我们后勤的日常工作中去，努力做好自己的本职工作；我们要团结同事，共同学习，共同进步。我认为要具体做好以下几点：

　　李雁教授给我最深的一个印象就是慎独。慎独是一种自律；是一种修养；更是一种坦荡与情操，不论什么时候始终如一做好自己的本职工作。这么多年来，他一直在坚持自己所坚持的，相信自己所相信的。人生是条很长的路，在这条路上我们会面临一些诱惑，有的人看到那些表面的利益时，或许会迷失自己，而有的人则一如既往走在自己朝圣的路上。毫无疑问李雁教授就是后者，他很清楚自己要走的路，自己的方向，所以每每工作之余，他都利用空闲时间，钻研专业技术，扩充知识量，使自身医疗水平不断提高，一步一步向更高层次迈进。"术业有专攻"，我们要在自己的岗位上不断努力去汲取新的理论知识，来丰满自己的羽翼。"操千曲而后晓声，观千剑而后识器"，良好的工作技能来自平常点点滴滴的积累，在工作中我们要持之以恒，始终保持一颗热忱的心，用自己的勤奋与汗水换来属于自己的尊重与无悔。

正如李雁教授一样，对待工作不仅要有饱满的热情，还要有创新的精神，平凡的事情要反复做，反复的事情要创新做，"书读百遍，其义自见"，工作也一样，往往从一件小的事情也可以得到意想不到的收获。后勤工作不能斤斤计较、太在意个人的得与失，要以大局为重，把科室、医院的利益放在第一位。只要有需要，再苦再累也在所不辞。努力工作的同时，还要善于总结，在实践中，吸取经验，摸索技巧，创新工作方法，高效快速地完成各项后勤工作任务。在平凡的工作岗位做出不平凡的工作业绩。用坚韧不拔的意志，不畏困难的决心去勇攀高峰，实现自我价值。

当李雁教授在本职岗位上取得一个又一个成绩的时候，他不是沾沾得意，颐指气使，仍是谦虚谨慎，平易近人地对待每一个同事，每一位患者，虚心耐心地与患者及同行沟通。"面壁十年图破壁"，很多事情不是一蹴而就的，要耐得住寂寞，经得起岁月的洗礼和沉淀，方能看得到成就。李雁教授之所以拥有现在的荣誉，与他一直以来的工作态度大有关联。他将患者当亲人，不厌其烦地讲解，无微不至地关怀，用宽广的胸襟去包含和容忍那些不被理解的抱怨。相比而言，后勤虽面临的不是患者，在工作中，我们却也应该如同李雁教授一样，平和详细地解答临床科室工作人员的疑问与困难。在后勤工作的这几年，我深有感触，有的时候，后勤工作不能及时到位，并不是工作人员偷懒，而确确实实有它的困难和特殊性，比如零部件的匹配，问题的排查，专业人员到位等都需要时间来协调。而往往在沟通过程中，也许我们缺少了耐心，而使得工作中存在一些误会。李雁教授用草图拉近了医患之间的距离，而我们也要用自己的诚心与行动来增加临床医务人员对我们的信任与认可。做到"知实情，说实话，想实招，求实效"。要以最快的速度为临床解决有关后勤的问题。另外在工作中还要有乐于奉献的精神，只有怀着一颗奉献的心，才能体验到工作的快乐，才能在工作中找到爱好与兴趣，进而热爱自己的工作。一个人的快乐源于他自身价值的体现，而被人所需要就是价值所在，也是生活的意义所在。

这次的学习，让我们受益匪浅。李雁教授的工作精神深深震撼着每一个人，他用自己的人格魅力，谱写了一首医生的赞歌，用自己的一言一行激励着我们每个人不断前进。他的精神力量，也必将转化成我们实实在在的行动力。我们将以饱满的精神状态、务实的工作作风，谦逊勤勉的工作态度，在漫漫长路上不断追寻求索，为中南医院的发展发挥自己微薄的力量！

【作者：武汉大学中南医院总务处刘荧；编辑：方世平】

11. 学习李雁精神　在会计工作中爱岗敬业、精益求精

2014 年 5 月 26 日，湖北省卫生计生委召开李雁教授先进事迹报告暨命名表彰大会，授予我院肿瘤二科主任医师李雁"人民好医生"荣誉称号，并号召全省卫生计生系统广大医务人员向李雁学习。省卫生计生委领导和各部门负责人、各部省属医院党委书记和我院领导、职工代表 200 余人参加了报告会。

李雁教授从医 25 年来，始终坚持在临床医疗一线，孜孜不倦、勤奋忘我工作，每年主刀完成癌症手术上百台，以高超的医术解除患者的痛苦，赢得了患者的爱戴、同行的尊敬和社会的广泛赞誉，先后获得国家科技进步一等奖、美国临床肿瘤学会国际发展与教育奖、教育部新世纪优秀人才奖等多项荣誉。他几十年如一日，秉承"以患者为中心"的理念，视病人如亲人，自绘一万余张"病情草图"和十几本"病情分析图"，用画图讲解的方式不厌其烦地与患者和家属沟通，用爱温暖无数患者和家属，在医患之间架起了一座沟通的桥梁，诠释了"大医精诚、救死扶伤"的深刻内涵，他所践行的服务人民、爱岗敬业、甘于奉献、精益求精、勇攀高峰、感恩重德、仁厚友爱等价值追求，都是社会主义核心价值观在卫生计生领域的具体化、形象化的表达。

李雁教授是中南医院一张靓丽的名片，对医学独到的理解，对人生奋斗目标的定位以及对医学事业的不懈追求，应该成为我们学习的榜样。把普通的小事做到极致就是不普通，把平凡的事情坚持做好就是不平凡；到位不越位、联动不盲动、辛苦不诉苦、建功不争功；李雁教授认真踏实的工作作风和甘于平凡、拒绝平庸的精神，持之以恒地做好每一件事。

李雁在平凡的岗位上做出了不平凡的业绩，展现了新时期医者的崇高风范，作为中南医院的一名会计人员，我决心以李雁为榜样，立足岗位、志存高远，坚持为人民健康服务。要学习他心系患者、服务人民的职业精

神，始终做人民群众的贴心人；要学习他耐心细致、矢志不渝的敬业精神，切实维护和实现好群众健康权益；要学习他刻苦钻研、勇攀高峰的担当精神，争当全面深化改革的排头兵；要学习他甘为人梯、育人育德的奉献精神，为培养合格卫生计生人才贡献力量。

李雁教授给我最大的启示和亮点就是爱岗敬业，就是要立足自己的岗位，把自己的事情做到极致。我作为工作在中南医院后勤会计岗位一名普通人员，通过学习，体会到在财务工作岗位上，更要爱岗敬业，精益求精，充分践行社会主义的核心价值观。在日常工作中具体要做到以下几点：

善良。在名利诱惑的时候秉持着良心去对待患者，总是替他人着想，总是有一颗怜悯之心，体现在工作中，要有一颗服务心，努力为临床、为病人、为职工、为后勤核算需要服务，当好领导参谋。

责任心。没有强烈的责任心就不可能把自己的本职工作做到极致，责任心就是对职业的敬畏，作为一名会计，稍微有一点疏忽就会影响到服务后勤与领导决策。在供应组，经常会有临床科室电话或者需求，有善良，有责任心，对他们的服务态度一定会很好，一定会像李雁教授这样，生怕病人受到委屈，临床需要没有满足，把所有的事情都处理好，哪怕自己花更多精力去解释、去沟通、去完成工作任务。

担当。李雁教授是有担当的，很多患者是连转了几个医院，但是他收留了病人，没有往外推。作为一名会计人员，勇于承担领导交给的任务，刻苦钻研业务，对复杂的计算，不嫌麻烦，不推卸。

有了这三种精神，我们就可以把爱岗敬业做到位。如果每个人都是真正立足于自己的本职工作，做到极致，就能在平凡中见伟大，这就是一种了不起的境界，就是一种品德，而这恰恰是我们很多同志应该去往这方面想和做的。

【作者：武汉大学中南医院后勤分工会供应组杨文胜；编辑：方世平】

12. 以李雁教授为榜样，争做优秀后勤服务工作者

有一种精神让人敬佩，它就是大医精诚；有一种态度让人感动，它就是敬畏生命。近日，我部门组织学习李雁教授的先进事迹，我一字一句读

完了整个事迹材料，被李雁教授的事迹所感动、所震撼。作为武汉大学中南医院一名普通的后勤工作人员，我深深感到，正是众多像李雁教授这样的医护工作者，铸就了我们今天中南医院的牢固基石。因此，我决心以李雁教授为榜样，立足本职，脚踏实地，在自己平凡的工作中无私奉献，在平凡的岗位上尽职尽责，争做优秀后勤服务工作者。

李雁医生是武汉大学医学部肿瘤研究所所长、武汉大学中南医院肿瘤二科主任医师。他从医25年，始终坚持在临床医疗一线，孜孜不倦、勤奋忘我工作，每年主刀完成癌症手术上百台，以高超的医术解除患者的痛苦，赢得了患者的爱戴、同行的尊敬和社会的广泛赞誉，先后获得国家科技进步一等奖、美国临床肿瘤学会国际发展与教育奖、教育部新世纪优秀人才奖等多项荣誉。由于腹膜癌治疗技术难度太大，在20世纪，肿瘤学研究对这一领域往往选择绕道而行，面对这一肿瘤界公认的"老大难"问题，他却决定要攻一攻这个堡垒，经过十几年的努力，终于将患者的生存期平均延长了60%。"长于治病者，却可能疏于救人。"李雁教授认为，如果医生仅从临床医学出发，关注的只是导致疾病的原因，而忽略了患者的心理问题。关注病灶是治病的前提，关注患者的感受和情绪，才能救人。治疗之前要对每个病人讲清楚3个"W"，What Disease（什么病），What Stage（发展到什么阶段），What Treatment（如何治疗）。要告诉他们治疗能够得到什么好处，需要付出什么代价，承担哪些风险。医生如果把这些问题一一讲清楚，多数患者和他们的家人自然会对治疗结果有合理的预期。当感受到医生的细心和耐心时，无论从情感上还是从道理上，患者和家属都更容易与医生达成共识，事后发生医患纠纷的可能性将大大降低，能从根本上缓解日渐紧张的医患关系。他在与患者沟通的过程中从来不吝讲解，一边讲还一边画图以方便患者理解。从医25年来，他累计画出讲解病情和手术过程的草图超过1万张，被誉为"草图医师"。李雁医生25年如一日，视病人如亲人，自绘"病情草图"和"病情分析图"，用图画讲解的方式不厌其烦地与患者和家属沟通，让患者看得懂、用得上，化繁为简、变专业为浅显，一张张草图，架起一座座医患连心桥。他用爱温暖无数患者和家属，为医患之间架起了一座沟通的桥梁，诠释了"大医精诚、救死扶伤"的深刻内涵，他用爱心和耐心营造了和谐的医患关系。

　　李雁教授在平凡的岗位上做出了不平凡的业绩，展现了新时期医者的崇高风范，是湖北省广大医务人员的模范代表。我们都应该学习他心系患者、服务病人的职业精神，始终做病人和家属的贴心人；学习他耐心细致、矢志不渝的敬业精神，切实维护和实现好患者的健康权益；学习他刻苦钻研、勇攀高峰的担当精神，争当科学研究的排头兵；学习他甘为人梯、教书育人的奉献精神。立足岗位、志存高远，不断提高为病人服务的质量和水平。作为武汉大学中南医院一名后勤工作人员，我更应该以李雁教授为榜样，立足岗位、脚踏实地为医院的长远发展贡献自己的一份力量。

　　医院后勤工作是整个医院管理工作的基础，是医院正常运转的重要支持和保障系统。医院的运转，无时无刻都离不开后勤保障。良好的后勤保障是医院一切工作正常安全运转的前提和基础。没有良好的后勤保障就不会有医院的发展，更不会有优良的医疗服务和让人民群众满意的医院。它直接关系到医院的医疗、教学及科研工作的正常运转，关系到职工思想的进一步稳定和积极性的充分调动，关系到医院的全局和健康持续的发展，是医院管理工作的重中之重。医院后勤服务现代化的程度标志着一个医院现代化的程度。学习了李雁教授的先进事迹，我觉得在以后的工作中应该做到：

　　要养成努力学习，刻苦钻研的好习惯。大医精诚，"精"是什么？钻业务。"业精于勤荒于嬉，行成于思毁于随"。不学习，不钻业务，满足于学校里学到的知识，工作时敷衍应付，按部就班，做治疗时"依葫芦画瓢"，不探究其所以然，不探求改进办法，哪里能成"大医"。我们要学习其刻苦钻研的精神，与自己工作实际需要是分不开的。因为如果不注意读书学习，不注意知识的积累，不注意研究新问题，思想就会封闭，思路就会狭隘，在工作中也就拿不出新办法，出不了好主意，工作流于一般化，难以适应新形势和任务的需要。这就需要我们不断增强学习的责任感、使命感和紧迫感，利用一切空闲时间抓紧学习。具体来说就是要在工作中不断加强业务知识的学习，学会用新的理念、新的工作方式和手段、新的技术努力推进工作的创新和发展，并且要不断完善学习方法。作为一名保管员，我不能仅仅满足于日常的收货发货、理清账目，我要通过学习整合其他医院现代化的物资管理模式并结合本院的实际情况来摸索出一套既能更好地服务于临床又能为医院节约人力、物力、财力的物资管理模式，将我院后勤物资管理水平提高到一个新的高度。

要养成勤奋敬业，踏实肯干的好作风。

李雁教授几十年如一日，秉承"以患者为中心"的理念，视病人如亲人，自绘一万余张"病情草图"和十几本"病情分析图"，用图画讲解的方式不厌其烦地与患者和家属沟通。李雁教授在自己的工作岗位上勤勤恳恳，兢兢业业，以忘我的境界去干好每一项工作。正是靠着这种勤奋的敬业精神，李雁教授在平凡的岗位上干出了不平凡的业绩，以自己的一言一行为我们树立起了学习的榜样。我们应学习这种精神，要挤时间去学，持之以恒地学，结合现实去学，一心扑在工作上，从不计较个人得失，只要工作需要，再苦再累也在所不辞。我们要像李雁教授一样用满腔热情，恪尽职守，勤奋踏实工作。保管员这个看似简单的工作，其实容易让人感觉到繁琐和枯燥，如果抱着做一天和尚撞一天钟，得过且过的心态去对待自己的工作，很容易养成懒惰的习惯，久而久之也就慢慢变得没有工作主动性。所谓干一行、爱一行、精一行，我更要以一种敬岗爱业的精神去对待日常的工作，我要在脚踏实地地干好自己的本职工作之余再去积极参与其他后勤岗位的辅助工作，将整个后勤系统有机地结合起来，保证后勤系统更好的运转。

要培养心系临床，无私奉献的好品质。

大医精诚，"诚"是什么？是品质、品德，医生只有做到了德艺双馨，事业才能有真真切切的成就。在李雁教授的从医生涯中，他始终把提高临床疗效、高尚医德作为职业灵魂。坚定恪守职业道德，严格把好医疗质量关，秉承"以人为本，以患者为中心"理念，挽救过无数生命。他在与患者沟通的过程中从来不吝讲解，一边讲还一边画图以方便患者理解。李雁教授认为每次术前谈话、术后讨论都应该是一次小型的抗癌知识公开课，请尽可能多的病人亲友参加。日积月累，这些知识就会转化为他们在日常生活中的抗癌行动。正是李雁教授心系患者，无私奉献的品质温暖了无数患者和家属，在医患之间架起了一座沟通的桥梁，诠释了"大医精诚、救死扶伤"的深刻内涵。作为一名后勤工作者，我更应养成默默奉献的好品质，心系奋战在临床一线的医护工作者，思他们所思，想他们所想，尽可能地去为他们排忧解难，做好他们的坚实后盾，让他们毫无后顾之忧。

后勤保障是医院公共工作的一个十分重要的环节，是一项复杂的系统工程，随着卫生改革的不断深入，社会主义市场经济的建立，后勤工作的改革势在必行，立足本职、改变观念意识，变医院要我服务为我要为医院服务，是医院后勤保障的工作关键。只有我们养成了主人翁意识，有效地发挥主观能动性、创造性，树立"以临床为中心"的服务意识，保持主动、热情、礼貌、周到、耐心的服务态度，才能全面提高后勤服务水平，促进后勤与医疗的同步发展。

【作者：武汉大学中南医院总务处助理工程师肖雅娟；编辑：方世平】

第三节　学生心目中的李雁教授

一、有一种爱叫老师的爱

都说父爱如山，高大而坚定；母爱如水，平凡而伟大。山水赋予了我们生命，是生命的延续。但那生命稍显脆弱，苍白。那么，是谁赋予生命以力量，又是谁赋予生命以色彩呢？

父爱母爱是我们永远歌颂的主题，然而，世间还有一种爱叫老师的爱，它如父爱母爱那般朴实而无华，无私而永恒；它如山的沉稳给我们以敦厚，似水的灵秀给我们以聪慧。我们的生命因老师的爱而坚强，也因老师的爱而色彩斑斓。

从有幸进入李老师课题组到现在，我感悟最深的是，懂得了什么叫做为人师表，它在李老师身上表现得淋漓尽致。不管在学习上，生活上，还是在娱乐上，李老师都做出了表率，而且，不管在学习上，生活上，还是娱乐上，李老师都给予了我们无尽的爱。

在学习上，李老师的习惯感染着我们。一次中午去病房找李老师，发现李老师正在办公室看人文方面的书籍，突然有种莫名的感动，那么吵闹的病房，那么容易瞌睡的中午，他却依然能静下心来看书，陶冶情操。而我们呢，学习环境那么好，还老是心烦意乱，静不下心，很是自责。

在课题组，从来不会出现老师不愿意指导的情况，不会用 Word，一步一步教；不会写文章，一句一句指导；不会做实验，李老师找人带我们……所有的问题，都会被李老师解决。记得一次，我因为不会使用 SPSS 软件，图片处理不美观，李老师立即花一个下午的时间，一步一步教我如何处理图片，丝毫没有厌烦的表情，当时感觉真是幸福，遇着这样的老师，大概是三生有幸吧。

在生活上，李老师对我们更是无微不至。时不时地给我们买点甜点，带我们出去吃大餐，慰劳我们。经常跟我们谈心，了解我们生活的难题，不管谁有什么困难，李老师都尽可能提供帮助。一次，一位师姐生病了，在武汉看病很久都没有什么起色，准备去北京求医，李老师二话没说，立马给师姐资助了一笔钱，以备看病之需，而且不断电话关心情况，鼓励师姐好好治病。看病期间，师姐的试验任务安排别的学生帮助完成，让其能全心全意看病，减轻压力。

在娱乐上，课题组经常组织集体活动，羽毛球比赛、游泳、野炊、逛游乐场等，不管什么时候，什么活动，李老师都积极参与其中。遇上什么大家都不敢的运动挑战，李老师会第一个上前，尽量完成，给我们以挑战的勇气，迎刃而上的动力。

有一种爱叫老师的爱，它如春风般温柔地吹绿我们知识的荒原；

有一种爱叫老师的爱，它如夏雨般神奇地架起我们人生的彩虹；

有一种爱叫老师的爱，它如秋霜般无声地打蔫我们成长的傲气；

有一种爱叫老师的爱，它如冬雪般优雅地培养我们心灵的纯洁。

【作者：武汉大学医学部第二临床学院 2007 级本硕博学生曾卫娟，编辑：徐红云】

二、记李雁教授相关的几件事

未见其人，先闻其名。2012 年 7 月 7 日下午，当时还是武汉大学第二临床学院本科生的我，作为志愿者参与了执业医师考试临床技能考核中南医院考点的工作。整个考试过程中，有些考生没能在规定的时间内完成考题相关的体检和操作，有些考生由于抽到自己科室很少使用的操作（比如一位骨科师兄的考题是用氧气罐鼻塞法给模型输氧），整体看来还是有些忙乱，但其中不乏操作规范的准医生们。有一位师姐的考题是皮肤切开、缝合，她操作时严格遵守无菌原则，而且动作熟练，获得两位考官的一致赞赏。通过他们的交谈，我方知她是本院八年制的博士，导师是李雁教授。

2012年武汉大学第二临床学院的暑期夏令营上，本校一位在读博士师兄彭春伟以PPT的形式向优秀营员们介绍了未来的科研学习生活。作为其中一员，我不仅羡慕眼前这位师兄通过科研学习、发表文章获得了很多奖项，更加钦佩的是他的那份自信和对科研的热情，以及言辞间的专业素养。恰巧，这位彭师兄的导师也是李雁教授。

我素来相信缘分，加之对母校的眷恋，于2013年顺利考取武汉大学中南医院肿瘤学研究生，令我更加高兴的是，我的导师也是李雁教授！

临床实习。2013年大学毕业的那个暑假，我没有，或者说不能像其他同学那样规划自己的毕业旅行，或与好友依依惜别。因为导师李雁教授要求我跟随他进入科室实习。起初我并不理解，甚至埋怨过这位严厉的导师，但后来的临床实习潜移默化地改变了我很多，让我能够很快地进入研究生的学习状态。

还记得手术完毕，他拿着手术剪亲自教我解剖标本上的淋巴结。当时，我看着这位主任弯下腰，仔细地分离出几枚癌旁淋巴结时，惊讶于他为什么不让其他师兄来指导我。还记得，几乎每次手术后，他笑着说"这次手术做得挺好，算是对得起他了"，"对得起"病人，尤其是肿瘤科的病人，或许是对一名好医生的最好注解了吧。

在外科实习，严谨的手术操作固然让我学习到复杂的手术方式，但是给我印象最深的却是一件小事。有天晚上11点左右，一个结肠癌术后的老奶奶突发腹痛，值班医生电话告知李老师该病人情况。不久后，李老师赶来，给病人急查血常规提示白细胞很高，询问后得知病人未遵术后医嘱——禁食，下午喝了女儿带过来的燕麦粥，造成吻合口瘘，导致腹膜炎腹痛。给予相关处理后，病人情况得以改善。李老师却并未立刻休息，而是把我和于洋师兄叫到办公室，语重心长地说："为什么要求你们学生多在临床？作为医生，并不是说你把医嘱开好了，让护士执行就行，很多小事也还要反复提醒病人和家属。"是啊，虽然很难无微不至，但在细微处下足工夫，作病人的守护者，也可谓尽职尽责。

实验室学习。李雁老师临床工作出色，除了多年的认真工作和不断积累的临床诊治经验，也源自他在科学研究方面的执著探索和不断进步。

我记得 2014 年年初刚进入实验室学习阶段的时候，李老师幽默地要求每位研究生"能吃、能喝、能想；会说、会读、会写"。我大概记得住的是：能喝下胜利的甜酒，也能喝下失败的苦酒；能有天马行空的科学猜想，也能有脚踏实地的工作想法；会说，写在书本上、文献中的肿瘤学专业术语；也会说，写属于你个人的研究总结。科研工作并非一朝一夕，实验会有成功，也会有失败，但仍要执著追求；每个人都需要敢于想象科学研究的新思路，但更重要的是思考如何把手头上的工作落实到点滴的积累；真正意义上的"Science"是从通俗易懂上升到专业，再回归到别人也能理解的总结性语言。

除了医院科室，李老师最常在的地方就是实验室，以至于每个学生都会不时地被叫到跟前，听他吩咐下一步工作任务。这吩咐对我这样刚入门的学生来说，往往是严厉的批评，但同时也是批评后耐心的指导和殷切的期望。在李老师的字典里，期望学生最多的就是务实。每当他觉得学生近来疏于学习，就会把务实挂嘴边，期望他的学生能"在镜花水月中看到科学的本质"，脚踏实地地做出成绩。

早上，我刚睁开睡眼，习惯性地拿起手机，再次看到一封邮件，是来自李老师的工作安排，发送时间显示为 6 点 23 分。之前很多次收到李老师的邮件，或是文章修回，或是重要会议的总结性文章。总之，在每天不辞辛劳的临床工作之前，李雁医生的身份是认真的导师。他务实地做好自己的每个角色：作为医生，让病人感到踏实，期待康复；作为导师，让学生感到踏实，行为典范。

【作者：武汉大学医学部第二临床学院 2013 级硕士研究生刘九洋；编辑：徐红云】

三、记我心中的好导师——李雁教授

武汉大学第二临床学院 2014 级肿瘤学专业博士研究生进入武汉大学第

二临床学院（中南医院）学习已快一学期的时间了，那天学院组织学生开会，要求写自己心目中的导师，于是不禁想到我的导师李雁教授，虽然我只是刚刚成为李老师的学生，但李老师绝对是我最尊敬的老师，所以我立刻决定下笔成文，表达自己感恩的情怀。

初见面，认定这份师生缘。

每个研究生心中都想有一个理想的导师。导师择天下英才而教之，而我期望遇明师而从之。硕士研究生毕业后，我一直怀揣着继续攻读博士学位的梦想，边工作边坚持着。我想读博士的目标就是找一位好导师，严格要求自己，这样才是受益终生的选择。于是我本着这样的原则，多方打探，最终师兄师姐们一致给我推荐了李雁老师。于是我抱着忐忑的心理，给李教授发了一封邮件。出乎意料的是，他很快就给我回复了邮件，真是让我受宠若惊，至今我还保留着这份邮件。每次看到这份邮件，我心中都涌起一股暖流。虽然素昧平生，但是李老师的回复细致又有耐心，给了我很大的鼓励和信心，欢迎我报考。随后我来到武汉，有幸与李老师见面了，李老师对我初步了解后，表达了自己的想法，并征求我的意见。李雁教授的大家风范令我印象极其深刻，非常的和蔼可亲，平易近人。当时我在心里就默默作出决定，我跟定李老师了。

再见面，高山仰止为科研。

李雁教授是武汉大学珞珈学者特聘教授，肿瘤生物学行为湖北省重点实验室副主任，武汉大学肿瘤研究所所长，美国临床肿瘤学会（ASCO）会员，《Biomaterials》杂志副主编（IF = 7.882），中国抗癌协会肿瘤转移委员会委员，湖北省抗癌协会常务理事，湖北省肿瘤靶向治疗专业委员会副主任委员，国家自然科学基金重大项目评审专家。已结题国家自然科学基金面上项目以及国家重大项目多项。在国内外专业杂志上发表学术论文及 SCI 论文 100 余篇，累积影响因子近 300 分。李雁教授不仅学术成就突出，临床工作也极其规范和认真。他擅长对常见肿瘤的临床规范化诊疗工作，尤其专注于腹膜转移癌的综合诊疗和新技术的探索。他在国内率先开展了腹膜转移癌综合治疗的基础和系列临床研究，使胃癌腹膜转移癌患者的生存期延长了近 60%；结直肠癌腹膜转移癌患者生存期延长 40% 以上；近年来，他对妇科常见恶性肿瘤的腹膜转移癌患者治疗的生存期也得到了显著的提高；他的这些成就在国际上产生了较大影响，他使我国腹膜转移癌治疗进入国际领先水平。因此，中南医院也成为国际知名的腹膜癌治疗机构之一。在科研方面勇于创新，研究成果获全国百篇优秀博士学位论文（2004）、教育部新世纪优秀人才（2004）、国家科技进步一等奖（2006）、欧洲内科肿瘤学会DNTA奖（2007）、美国临床肿瘤学会IDEA奖（2008）、湖北省科技进步一等奖（2011）等等。在人才培养方面甘为人梯、孜孜不倦，指导博/硕研究生100余人，多人获得国家级课题支持及奖励。

我的导师——李雁教授得到过很多种荣誉，未接触之前，我们看到的只是这些荣誉外在的光彩；走近了，才深知每一份荣誉里，都蕴含着导师的辛勤与奋斗。在这些光环下面，我所认识的，是一个医者仁心大爱无疆的尊敬医生，是一位还在三尺讲台上传道授业、敬业的教师。几乎每天晚上至深夜，李老师都会到实验室给我们指导学术；之后肯定又是熬夜伏在案前搞研究，这是最打动我们大家的地方。虽然身体平时已经严重超负荷，但李老师并没有放松对自己的要求，仰之弥高，钻之弥坚，李老师在学术道路上从未停止脚步。他把责任担在肩上，带领我们勇攀一个又一个高峰。

李老师虽然平日工作繁忙，但仍坚持每个星期一给我们召开一次碰头会议，指导我们做课题。他要求我们博览文献，广收精华；他告诫我们严肃学风，严格遵守学术规范；他鼓励我们要不断创新，敢于有自己的想法。欧阳修曾说："古之学者必严其师，师严然后道尊。"这正是李老师的真实写照。"做科研一定要严谨，一定要有创新思想"是李老师时常挂在嘴边的话，他希望我们每个人都能先成人。他说，在生活中做一个品德优良的人，这是为学的基础，也是做事的前提；在办公室，在饭桌上，在课堂上，李雁教授都不忘对我们言传身教。每当有同学有学术问题时，李老师总是第一时间出现。李老师尊重我们每个人的选择，又会结合每位学生的特点，提供力所能及的帮助，尽心尽责，毫无怨言。

高尚的医德、医术——人民的好医生。

刚进师门的时候，李老师首先给我解释了"医者仁心"。他说，凡是品德医术俱优的医生治病，一定要安定神志，无欲念，无希求，全心全意地去救护病人。李老师从医20余年来，先进典型事迹数不胜数，他的

"一纸一笔医患情"、"用病情草图传递医学温度"已传遍了大街小巷。他亲自绘万张"病情草图"和十几本"病情分析图",让患者看得懂、用得上,用爱心、细心和耐心温暖了无数患者和家属的心;他架起了一座医患连心桥。出于对患者生命的关爱之情,他不厌其烦、无数次做病人及其家属的思想工作,解除其顾虑。经过他的精心治疗,病人已逐渐在恢复健康。"大医精诚"贵在大德,李老师以其精湛的医疗技术,良好的医德医风,待病人如亲人的无私之爱,深深感染了无数患者及其家属。他的服务人民、爱岗敬业、甘于奉献、精益求精、勇攀高峰、感恩重德、仁厚友爱等的涵养值得我一生去追求。

经师易遇,人师难求。三年的研究生学习生涯说长也长,说短转瞬即逝,我虽站在起点,但我很庆幸自己当初的选择。此刻再多的赞美之词也显苍白,大爱如海,涤荡着这座古老的校园,武汉大学正是有着无数这样默默无闻、无私奉献的老师,才能在历史的长河中彰显英雄本色。李老师就是一个践行者,在学业上引领着我们走向学术的圣殿,在生活上告诉我们人生的真谛,导师如斯。

"学高为师,身正为范;学而不厌,诲人不倦"。这,就是我心目中的导师——李雁教授。他给我们最好的平台,包容我们稚嫩的成长,和风夹杂细雨,润物于无声之中,亦师亦友亦慈父,让我们不惧寒暑,笑迎春天,创造自己美好的未来。

【作者:武汉大学医学部第二临床学院 2014 级博士研究生刘文楼;编辑:徐红云】

四、仁心仁术　大医精诚

医生的天职是治病救人,"救人"是挽救病人危急情况,解救病人的痛苦,"治病"才是从真正意义上根除疾病。然而,自古以来都是救人容易而治病难。就目前而言,医学虽已经得到很大的发展,但可治之病相对来说却很少。医者有仁心不难,有仁术却不易,而我的老师李雁教授就是一位集医德医术于一身的大医。

杏林回春暖,悬壶而济世,厚德方行医。将心比心,用医者爱心、诚心、细心,换病人舒心、放心、安心。李老师一直以身作则,时刻心系病人，尽其所能为病人着想，努力为病人服务。病房内，我们时常可见从外省不远千里来求医的病人。他们大多是被其他医院拒之门外的恶性肿瘤病人，在武汉大学中南医院，在我们的导师——李老师这里，他们体验到了"山重水复疑无路，柳暗花明又一村"的感觉。在这里，他们重新燃起了对生命、对未来的希望之火。在这里，他们也得到了目前最理想化的治疗，从身体上和心理上得到极大的解放和满足。

细微显真情，平凡塑仁心。如同那寒冬暖日般的温馨与真情，李老师对病人无微不至的关心，体现在整个诊疗过程中；体现在每一个小的细节上。每次向病人及家属交代病情或行术前谈话时，李老师都会画出一张又一张病情简图，并不厌其烦地一遍遍讲解，以便病人能更好理解疾病发生、发展、治疗及预后等。每天，李老师都会早早到达病房，第一时间就去查看住院的病人。他总是微笑着向病人交代目前的病情和注意事项；甚至亲自站在床边监督病人完成术后预防肺部感染的一系列基本动作。对手术病人，李老师每天都会查看手术切口的愈合情况并亲自换药。李老师也会要求我们要关注病房内的每个细节，病人的每一个表情。他要求我们把每一件小事做到实处、做到最好。

还记得2014年8月的一天，李老师和我们在手术台上已经做了十余小时的手术，我们在手术结束后，拖着疲倦的身体回宿舍睡觉了。然而，由于一位直肠癌术后行第一次化疗的徐姓病人，出现较明显的化疗反应，我们的李老师并没有休息，而是整夜留守在病房治疗和看护着这位病人。李老师一心一意为病人着想，得到了病人及家属的尊重、感激和称赞。

博学而后成医。正如清代吴谦在《医宗金鉴凡例》中所说，"医者，书不熟则理不明，理不明则识不精。"李老师对知识的追求从未停止过，每天临床以外的时间都是在实验室，或阅读大量的文献和期刊，学习目前最有利于病人治疗的方案；或了解国际国内最新的研究进展。对腹膜癌的治疗，李老师已经进行了十几年的科学研究和经验总结，并开展了细胞减灭术加腹腔热灌注化疗对腹膜癌的临床治疗，创造了该领域的很多奇迹；他还参与了腹膜癌治疗国际指南的制定；致力于推进国内腹膜癌领域诊治的全面进步，对我国腹膜癌的治疗做出了不可磨灭的贡献。即使如此，李老师仍在继续更深层次的研究，希望通过他的努力解开腹膜癌的最终秘密，达到从发病机制层面阻断疾病的发生和发展，为病人带来最有效的治疗，做到真正意义上的"治病"。在育人方面，李老师也严谨治学，循循善诱，诲人不倦，培养了一批又一批的医学人才，为国家为人民的医学事业发展贡献了自己的力量。

唐代名医孙思邈曾于《备急千金要方》言，"凡大医治病，必当安神定志，无欲无求，先发大慈恻隐之心，誓愿普救含灵之苦，若有疾厄来求救者，不得问其贵贱贫富，长幼妍蚩，怨亲善友，华夷愚智，普同一等，皆如至亲之想。亦不得瞻前顾后，自虑吉凶，护惜生命，见彼苦恼，若已有之，深心凄怆，勿避险峻，昼夜寒暑，饥渴疲劳，一心赴救，无作工夫形迹之心。如此可为苍生大医，反此则是含灵巨贼。"因此，大医者，必为医德医术兼备之才，仁心仁术之下，妙手可回春。心不如佛者，不能为医生；技不如神者，不能为医生；为名利财者，不能为医生；救死扶伤者，方能为医生；无私奉献者，方能为医生；情系病人，方能为医生；精益求精者；方能为医生。大医精诚，李老师的仁心仁术之举已经得到众多病人的认可，并在病人之间和社会广泛传播。同时他也为我们树立起了一个合格医生的标准。他告诫我们不仅要用心为每一位病人服务，还要更高层面地对整个疾病进行研究，努力摆脱疾病对全人类带来的痛苦；在实践中不断学习，在学习中不断进步，既要当好医生，也要有当科学家的勇气与实践。

仁心仁术，大医精诚。李老师不愧是人民的好医生，更是我们广大医学生应当学习的楷模。我们应当学习他对待病人至亲般关怀的高尚医德，学习他救死扶伤、起死回生的高超医术，学习他立足实际、勇于探索、不断追求进步的勇气，学习他敢为人先、无私奉献的大无畏精神。只有这样，我们才能真正成为"悬壶秉丹心，济世之良医"。

【作者：武汉大学医学部第二临床学院 2014 级硕士研究生彭开文；编辑：徐红云】

五、科研探索中的明灯，生活娱乐时的长者

来到武汉大学学习已经三年多了，回首这急景流年、白驹过隙的光阴，感慨万千，思绪满怀。这一阶段是我由稚嫩迈向成熟的关键阶段，在

这一阶段的人生旅途中，有一个人给我留下了深深印记，对我的成长起着关键的作用，这个人就是我敬爱的导师，李雁教授。

人生道路上的初见。

2011年，阳春三月时节，我第一次从"皖江之滨"芜湖，来到了"九省通衢"武汉，来到了樱花烂漫的武汉大学，来到了湖光山色的中南医院。尽管这里鸟语花香、莺歌燕舞，但我却无心赏景，因为我来这里需要找一盏明灯，来指引我走过人生的十字路口……

终于，紧张的研究生复试结束了，从医院内的窗户向外远眺，整个武汉大学置身晴天白云下，青山碧水旁，姹紫嫣红中。刹那之间，我爱上了这座城市；爱上了这座城市的这所学校——武汉大学；爱上了武汉大学的这所医院——中南医院；同时，我也爱上了一个人——我的导师李雁教授。虽然此时只是初次见面，但是他那严谨细致的工作态度、细致入微的思维方式，深深打动了我。虽然此时我对他的认识还是一张白纸，但是我知道，在不久的将来，这张白纸上会密密麻麻写满我们师生之间的点滴。

科研探索中的明灯。

来到向往的武汉大学，进入梦想中的研究生生活，突然间发现这一切和梦想中完全不一样。生理和心理都还在大学时代的我，完全无法适应研究生期间的生活，Office办公软件操作、文献下载和阅读、英文的标准化翻译、基本的实验技能、统计软件的应用等等，这些东西我在大学里完全没有接触过。因此，我感觉到空前的无助与无穷的压力和恐惧。

这时，是李雁老师帮助了我。我仍十分清晰地记得，在第一学年里的"十一"国庆节期间，李老师放弃了休息，手把手教我下载、阅读及翻译文献、使用Office办公软件、统计分析和撰写综述。在那七天里，我们每天从早到晚都在他那一间几平方米的办公室里，午餐和晚餐都是食堂里的简单盒饭。听着李老师的谆谆教诲，看着李老师的朴素生活，我由衷地燃起了敬意之情，一位大学教授、学科带头人，科室主任，带教居然如此细致、生活居然如此朴素。从那一刻起，我便知道了，我遇到了一盏明灯，它将会照亮我前进的道路。

李老师的生活是忙碌的，在有些人眼里，也是单调乏味的。李老师一天的工作是从凌晨3点开始，因为这时没有外界的打扰，思绪开阔，工作效率高。在处理完邮件、修改完论文、做完汇报准备等工作后，天也就亮了。这时，李老师要赶着去医院上班，到医院后要查房、做治疗、和患者谈话、做手术。也许很多人认为医生做完手术后就应该回家了，但李老师没有，李老师还要来实验室，给我们指导研究方向，听我们汇报实验进展，和我们讨论实验结果，为我们修改科研论文。这时，你就会看到一个崇高的科研工作者形象：他修改论文细致认真甚至字斟句酌；从事研究他废寝忘食乃至通宵达旦。李老师对自己要求很严，对我们要求也很严，在他的指导下，我们课题组涌现出很多优秀的研究生，每当他看到我们获得各种奖励时，他脸上总会露出淡淡的微笑。

生活娱乐时的长者。

李老师的生活是忙碌的，或者可以说是单调乏味的。他没有除工作之外的娱乐爱好，不是因为他不喜欢，而是因为他很忙，忙得没有时间来从事自己的爱好，甚至是缺乏锻炼的时间。但是，没有一个好身体，是不能成为一位优秀的科研工作者的。其实，李老师是在锻炼的，他的锻炼有很多人看见，但是却很少有人意识到。他每天早上背着他那近二十斤的大黑包步行半小时到医院，每天晚上也是同样背着大黑包步行回家。但是，有一点区别是，他早上的步伐是匆忙的，晚上的脚步却是疲乏的。因为早上他要珍惜时间，要早点去科室给病人查房，所以他需要加快步伐；在经历一天的手术和工作后，他太累了，累得走不动路了，所以晚上的步伐是疲乏的。如果有人早上在路上碰到他，肯定认为这是一位精力充沛的壮年，如果晚上在路上看见他，肯定认为这是一位夕阳西下的老者。

李老师很忙，对我们很严，但对我们的关心却无处不在。无论是我们跟着他上临床，还是我们在实验室做实验，每天中午，李老师都会出钱为我们买盒饭；每次在外就餐，李老师都会把吃不完的饭菜打包回来给我们留着；每次逢年过节，他都会把亲友送的礼品带到实验室来给我们分享。其实，现在生活条件好了，我们并不缺少吃的，这些对于我们来说并没有什么。但是，在李老师眼中，我们都还是孩子，我们远离家乡，在外求学，生活条件比较苦，需要吃好吃饱，有个好身体，这才是革命的前提。

李老师虽然很忙，但他还是很关心、并积极融入我们的业余生活，他每年都会抽出时间为我们组织两次活动。他不但组织活动，还主动加入我们，在我们坐过山车时、在我们打球时、在我们玩碰碰车时、在我们去攀岩时、在我们到东湖游泳时，他都是最积极踊跃的一个。我们知道，他并不是爱玩，因为他已经是近知天命之年，很多活动并不是他这个年纪喜欢玩的，但是他这样做，是因为他把我们的研究集体看成一个大家庭，他要积极融入这个大家庭，也更希望融入我们的生活，难道会有比这还要深的爱吗？

天涯海角有尽处，师恩教诲无穷期。作为科研探索中的明灯，生活娱乐时的长者，是您指导了我们学习，是您教会了我们成长，是您关心着我们生活，是您指引着我们的未来。李老师您为我们付出了太多辛苦和努力，我们无以为报，只能好学力行，成为良医，来感谢您的谆谆教诲和细致关怀！

【作者：武汉大学医学部第二临床学院 2011 级硕博连读研究生王林伟；编辑：徐红云】

六、用纸笔描绘人生的希望

2014 年，在我的医学求学之路上是一个重要的年份，这一年我回到了母校，踏上了博士学位的征程。经过硕士阶段的学习，我深深地认识到任何一个医学研究，只有在实际意义上解决临床问题，才能称为一个成功的突破。于是，我渴望在博士学习期间能够得到一位在临床和科研上都有一定建树的老师来为我指点迷津。武汉大学中南医院肿瘤外科的李雁教授便成了我最终的选择。

虽然刚刚加入到李老师的医学团队，对李老师的接触还不多，但是我已经深深感受到他作为"人民好医生"的气度和风范。医乃技术，无艺不立。李老师创立的细胞减灭术加术中热灌注化疗的方法，为很多无远处转移的腹膜癌患者带来了生的希望。很多远道的患者为了生存的希望慕名而来，并亲切地称他为"草图医生"。医乃仁术，无德不立。李老师总是教导我们，对待病人要将心比心，病人毕竟不懂得医学专业知识，那我们就要用最直接的方法——纸和笔为病人讲解病情，绘图是最一目了然的表达方式，也是最能让病人接受的方式。每当看到病人盯着那一张张草图，聚精会神地聆听李老师讲解的时候，我对李老师的敬仰之情也随之油然而生。在这样一个医患环境紧张的社会形势下，作为一名医学生，不仅要有扎实的医学基础，更要学会如何和病人交流，从李老师的一张张草图中，我学到的是耐心与信任。李老师用纸笔为病人描绘了人生的希望。

作为一名医学教授，除了要有精湛的医术，更要善于教书育人。在科学的未知道路上，李老师常常教育我们从小事做起，把一个小问题弄明白了就已经是巨大的进步了。仔细想想科学研究确是如此，一个小小的苹果就能砸醒牛顿，缔造乔布斯。在科学研究这个枯燥茫然的探索中，他鼓励我们要从若隐若现中发现科学问题，从雾里看花中总结科学规律。由于热灌注化疗的原因，李老师每次手术时间都很长，经常从手术室走出来的时候就已经是夜幕降临了，但是即使这样，李老师还会经常到实验室指导我们的研究工作，有时候为了节约时间，甚至是边吃饭边研究我们的实验进展。如此敬业的精神、强劲的干劲，让我们学生都不得不由衷地佩服与汗颜。当我们面对科学的高峰有些彷徨时，他鼓励我们，"攻坚莫畏难，只怕肯登攀"；当我们在科学的殿堂中步履蹒跚时，他指点我们，"问渠哪得清如许，为有源头活水来"；当我们埋头于书本执迷不悟时，他明示我们，"纸上得来终觉浅，绝知此事要躬行"；当我们在实际工作中遇到困难时，他引导我们，"壁立千仞无欲则刚，海纳百川有容乃大"。

在李老师的领导下，我们的科研团队人才辈出。从国家奖学金的评议答辩到国际会议的交流演讲中，都能看到李老师的学生大放光彩，这深深地鼓励我们一届又一届新的学生更要自强不息。我们医学生既是学生，也是将来的医生。李老师教导我们，既然选择了医学，就选择了要一辈子求知。医学生要学习的不仅仅是医学知识，我们还要追求人生境界。求知是武装一个人的最好武器，我们不能满足于我们现有的知识圈子。李老师也指出，也许我们的某些进步，在若干年以后会被发现其实是一个倒退，但是只要我们一直在求知，我们终将明白如何去求证。与李老师的每次交流，总是能悟出一个新的人生道理，受益匪浅！李老师用纸笔为我们学生描绘了人生的希望。

授人以鱼不如授人以渔；置身其间，耳濡目染，潜移默化。李老师使我不仅接受了全新的思想观念，树立了宏伟的学术目标，并且让我认识到坚持的重要性，让我在科研以及生活中感悟到了"山重水复疑无路，柳暗花明又一村"的真谛。他积极向上的态度、高效的工作作风、脚踏实地的精神、追求卓越的品质使我受益颇多！有这样一位好导师做榜样，我感到非常的自豪！

【作者：武汉大学医学部第二临床学院 2014 级博士研究生吴晗；编辑：徐红云】